KÖNIGS ERLÄUTERUNGEN
Band 42

Textanalyse und Interpretation zu

Friedrich Dürrenmatt

DER RICHTER UND SEIN HENKER

Bernd Matzkowski

Alle erforderlichen Infos für Abitur, Matura, Klausur und Referat
plus Musteraufgaben mit Lösungsansätzen

Zitierte Ausgabe:
Dürrenmatt, Friedrich: *Der Richter und sein Henker*. Roman. Zürich: Diogenes
Verlag, 1985 (detebe Bd. 22535).

Über den Autor dieser Erläuterung:
Bernd Matzkowski ist 1952 geboren. Er ist verheiratet und hat vier Kinder.
Lehrer am Heisenberg Gymnasium Gladbeck. Fächer: Deutsch, Sozialwissen-
schaften, Politik, Literatur/Theater. Ausbildungskoordinator.

Hinweis:
Die Rechtschreibung wurde der amtlichen Neuregelung angepasst. Zitate von
Dürrenmatt müssen auf Grund eines Einspruches in der alten Rechtschreibung
beibehalten werden.

5. Auflage 2018
ISBN 978-3-8044-1926-1
PDF: 978-3-8044-5926-7, EPUB: 978-3-8044-6926-6
© 2001, 2011 by C. Bange Verlag, 96142 Hollfeld
Alle Rechte vorbehalten!
Titelbild: Szenenbild aus der Verfilmung *Der Richter und sein Henker*,
BRD/IT 1975 © Cinetext
Druck und Weiterverarbeitung: Tiskárna Akcent, Vimperk

INHALT

1. DAS WICHTIGSTE AUF EINEN BLICK – SCHNELLÜBERSICHT 6

2. FRIEDRICH DÜRRENMATT: LEBEN UND WERK 10

2.1 Biografie _____ 10

2.2 Zeitgeschichtlicher Hintergrund _____ 13

Wirtschaftswunderland _____ 13

Politische Zeitbezüge im Roman _____ 14

2.3 Angaben und Erläuterungen zu wesentlichen Werken _____ 17

Der Einzelne und die Verantwortung. Anmerkungen zu einigen Figuren Friedrich Dürrenmatts _____ 18

Vom Essen und Trinken – Motivverbindungen _____ 24

Vom Zufall – Motivverbindungen _____ 25

Verbrechen und Mord bei Dürrenmatt _____ 28

3. TEXTANALYSE UND -INTERPRETATION 30

3.1 Entstehung und Quellen _____ 30

3.2 Inhaltsangabe _____ 33

3.3 Aufbau _____ 51

Erzählstruktur und Spannungsbogen _____ 51

Ort und Zeit _____ 58

Motive und Symbole _____ 66

3.4 Personenkonstellation und Charakteristiken — 72

Kommissar Bärlach — 73

Gastmann — 78

Tschanz — 81

Der Schriftsteller und sein Figuren-Modell — 82

Untersuchungsrichter Lutz und Nationalrat
von Schwendi — 83

3.5 Sachliche und sprachliche Erläuterungen — 84

3.6 Stil und Sprache — 86

3.7 Interpretationsansätze — 88

Spiel mit dem Krimi-Genre — 88

Die Rolle des Zufalls — 89

Bärlach und die Wette — 91

4. REZEPTIONSGESCHICHTE 92

5. MATERIALIEN 96

6. PRÜFUNGSAUFGABEN 100
MIT MUSTERLÖSUNGEN

LITERATUR 113

STICHWORTVERZEICHNIS 116

1. DAS WICHTIGSTE AUF EINEN BLICK – SCHNELLÜBERSICHT

Damit sich jeder Leser in unserem Band rasch zurechtfindet und das für ihn Interessanteste gleich entdeckt, hier eine Übersicht.

Im 2. Kapitel beschreiben wir **Friedrich Dürrenmatts Leben** und stellen den **zeitgeschichtlichen Hintergrund** dar:

S. 10 ff. → Der Schweizer Autor Friedrich Dürrenmatt lebte vom 5. Januar 1921 bis zum 14. Dezember 1990. Die meiste Zeit seines Lebens verbrachte er in Bern, Basel und Neuchâtel, wo er auch starb.

S. 13 ff. → Als Dürrenmatts Roman erscheint, sind die Entbehrungen der Jahre des Zweiten Weltkrieges schon fast vergessen; in Deutschland setzt die Phase des „Wirtschaftswunders" ein.

S. 17 ff. → Dürrenmatts *Der Richter und sein Henker* greift Themen (die Verantwortung des Einzelnen) und Motive (Zufall, Essen und Trinken) auf, die auch in anderen Werken des Schweizers eine Rolle spielen.

Im 3. Kapitel bieten wir eine **Textanalyse und -interpretation**.

Der Richter und sein Henker – Entstehung und Quellen:

S. 30 ff. Dürrenmatts Roman erscheint zunächst als **Fortsetzungsroman** in einer Zeitschrift, knapp zwei Jahre später dann in Buchform. Eine Beeinflussung durch die **Kriminalromane Friedrich Glausers** wird häufig behauptet, wurde von Dürrenmatt aber bestritten. Dürrenmatt selbst gibt an, durch **Theodor Fontane (*Der Stechlin*)** beeinflusst worden zu sein.

4 REZEPTIONS-GESCHICHTE	5 MATERIALIEN	6 PRÜFUNGS-AUFGABEN

Inhalt:

Der Roman ist in 21 Kapitel eingeteilt, die man zu vier größeren Erzählphasen mit vier Spannungshöhepunkten gruppieren kann.

⇒ S. 33 ff.

In *Der Richter und sein Henker* beauftragt **Kommissar Bärlach** seinen **Mitarbeiter Tschanz** damit, den **Mord an Schmied**, der ebenfalls Mitarbeiter Bärlachs war, aufzuklären. Bärlach treibt von Anfang an ein doppeltes Spiel, da er zu der Erkenntnis gekommen ist, dass es Tschanz war, der Schmied aus Neid und Karrieresucht getötet hat. Schmied war auf den **Verbrecher Gastmann** angesetzt worden, den Bärlach sein ganzes Polizistenleben lang vergeblich zu überführen versucht hat und mit dem er schuldhaft in eine Wette verstrickt ist. Bärlach setzt nun Tschanz auf Gastmann an und manipuliert ihn so, dass Tschanz, um von sich abzulenken, Gastmann tötet und diesen als Mörder Schmieds präsentiert. In einem letzten Gespräch offenbart Bärlach Tschanz sein Wissen um den Mord an Schmied und gesteht Tschanz, dass er sich zum Richter über Gastmann gemacht und Tschanz als **Henker für Gastmann** gebraucht habe. Festnehmen lässt Bärlach Tschanz jedoch nicht. Dieser richtet sich selbst (er wird mit seinem Wagen von einem Zug überrollt).

Chronologie und Schauplätze:

Der Roman spielt in der Landschaft am Bieler See und in der Stadt Bern. Die erzählte Zeit (des Handlungskerns) umfasst wenige Tage im November 1948, auf einer zweiten Erzählebene (Vorgeschichte Bärlach – Gastmann) greift die Zeit rund vierzig Jahre zurück. Der „innere Aufbau" des Romans konstituiert sich über zentrale Motive und Symbole (Wette, Zufall, Essen, Schlange).

⇒ S. 51 ff.

| 1 SCHNELLÜBERSICHT | 2 FRIEDRICH DÜRRENMATT: LEBEN UND WERK | 3 TEXTANALYSE UND -INTERPRETATION |

Personen:

Die Hauptpersonen sind

⇨ S. 73 ff.

Kommissar Bärlach:
→ zur Zeit der Handlung über 60 Jahre alt, magenkrank,
→ verhält sich unkonventionell,
→ manipuliert seinen Mitarbeiter Tschanz,
→ hat durch eine Wette mit Gastmann Schuld auf sich geladen;

⇨ S. 78 ff.

Gastmann:
→ ist ein erfolgreicher und angesehener Geschäftsmann,
→ ist in zahlreiche Verbrechen verstrickt,
→ ist ein „Nihilist", der aus der Laune heraus Gutes und Böses tut,
→ ist Kontrast- und Parallelfigur zu Bärlach;

⇨ S. 81 ff.

Tschanz:
→ ist der Mörder Schmieds,
→ ist karrieresüchtig,
→ wird zum Mörder Gastmanns, um von seinem Mord an Schmied abzulenken.

Wir stellen diese Hauptpersonen ausführlich vor und geben auch Erläuterungen zu anderen Personen.

Stil und Sprache Dürrenmatts:

⇨ S. 86 ff.

Die Sprache des Romans ist nicht zu kompliziert zu lesen, weist in geringem Umfang regionale Einsprengsel auf, ist mehrfach durch Licht- und Wettermetaphorik gekennzeichnet und teilweise klischeehaft. Auffallend ist die Lichtmetaphorik.

| 4 REZEPTIONS-GESCHICHTE | 5 MATERIALIEN | 6 PRÜFUNGS-AUFGABEN |

Auf folgende Interpretationsansätze gehen wir näher ein:

→ Dürrenmatts Spiel mit dem Genre „Krimi",   ⇨ S. 88 ff.

→ die Bedeutung des Zufalls,

→ Bärlach und die Wette.

2.1 Biografie

Friedrich Dürrenmatt 1921-1990
© Cinetext/
Barbara Koeppe

2. FRIEDRICH DÜRRENMATT: LEBEN UND WERK[1]

2.1 Biografie

JAHR	ORT	EREIGNIS	ALTER
1921	Konolfingen (Kanton Bern)	Dürrenmatt wird am **5. Januar** als einziger Sohn des protestantischen Pfarrers Reinhold Dürrenmatt und seiner Ehefrau Hulda (geb. Zimmermann) geboren.	
1935	Bern	Die Familie zieht nach Bern um; Dürrenmatt besucht zunächst das „Freie Gymnasium" und später das „Humboldtianum".	14
1941	Bern	Maturität (schwz. Hochschulreife) Dürrenmatt nimmt das Studium der Philosophie und der Literatur- und Naturwissenschaften auf (Zürich, Bern).	20
1943	Bern	Erste schriftstellerische Versuche. Es entsteht u. a. das Theaterstück *Komödie*, das aber weder im Druck noch auf der Bühne erscheint.	22
1946	Basel	Heirat mit Lotti Geißler Dürrenmatt zieht nach Basel.	25
1947	Basel	Das Drama *Es steht geschrieben* wird uraufgeführt.	26
1948	Ligerz	Dürrenmatt lebt in Ligerz am Bielersee. Das Stück *Der Blinde* wird uraufgeführt.	27
1949	Ligerz	Das Stück *Romulus der Große* wird uraufgeführt.	28

---

[1] Zum folgenden Kapitel des Bandes vgl. u. a. Anton Krättli, S. 1–30, Jan Knopf und Elisabeth Brock-Sulzer. Die genannten Werke und Ehrenpreise Dürrenmatts stellen eine Auswahl dar!

4 REZEPTIONS-GESCHICHTE	5 MATERIALIEN	6 PRÜFUNGS-AUFGABEN

2.1 Biografie

JAHR	ORT	EREIGNIS	ALTER
1950	Ligerz	Der Kriminalroman *Der Richter und sein Henker* erscheint in der Zeitschrift *Der Schweizerische Beobachter* (von Dezember 1950 bis März 1951). 1952: Buchausgabe.	29
1952	Neuchâtel	Das Stück *Die Ehe des Herrn Mississippi* wird uraufgeführt. Das Theaterstück wird zu Dürrenmatts erstem Bühnenerfolg. Dürrenmatt erwirbt ein Haus in Neuchâtel und lebt dort fortan mit seiner Frau sowie den Kindern Peter, Barbara und Ruth.	31
1953	Neuchâtel	Das Stück *Ein Engel kommt nach Babylon* wird uraufgeführt. Der Kriminalroman *Der Verdacht* erscheint.	32
1954	Bern	Literaturpreis der Stadt Bern	33
1955	Bern	Die Prosakomödie *Grieche sucht Griechin* erscheint.	34
1956	Bern	Das Stück *Der Besuch der alten Dame* wird uraufgeführt. Die Erzählung/Das Hörspiel *Die Panne* erscheint.	35
1957	Bern	Hörspielpreis der Kriegsblinden	36
1958	Bern	Der Roman *Das Versprechen* erscheint. Prix Italia	37
1959	Bern	Das Stück *Frank der Fünfte* wird uraufgeführt.	38
1962	Bern	Das Stück *Die Physiker* wird uraufgeführt.	41
1963	Bern	Das Stück *Herkules und der Stall des Augias* wird uraufgeführt.	42
1966	Bern	Das Stück *Der Meteor* wird uraufgeführt.	45

1 SCHNELLÜBERSICHT	2 FRIEDRICH DÜRRENMATT: LEBEN UND WERK	3 TEXTANALYSE UND -INTERPRETATION

2.1 Biografie

JAHR	ORT	EREIGNIS	ALTER
1967	Bern	Das Stück *Die Wiedertäufer* wird urauf-geführt (eine Neubearbeitung von *Es steht geschrieben*).	46
1970	Bern	Das Stück *Porträt eines Planeten* wird uraufgeführt.	49
1973	Bern	Das Stück *Der Mitmacher* wird urauf-geführt.	52
1977	Nizza/ Jerusalem	Buber-Rosenzweig-Medaille Ehrendoktor der Universität Nizza und der Hebräischen Universität Jerusalem	56
	Beerscheba	Ehrenmitglied der Ben-Gurion-Universität in Beerscheba	
1981	Neuchâtel	Ehrendoktor der Universität Neuchâtel	60
1983	Neuchâtel	Tod seiner Frau Lotti Das Stück *Achterloo* wird uraufgeführt.	62
1984	Neuchâtel	Heirat mit der Schauspielerin Charlotte Kerr Österreichischer Staatspreis für Literatur	63
1985	Neuchâtel	Der Roman *Justiz* erscheint.	64
1986	Neuchâtel	Die Novelle *Der Auftrag* erscheint.	65
1990	Neuchâtel	**Tod am 14. 12.** (Herzinfarkt)	69

2.2 Zeitgeschichtlicher Hintergrund

**ZUSAMMEN-
FASSUNG**

Als Dürrenmatts Roman 1950 erscheint, sind die Entbehrungen des Krieges in Deutschland schon fast Vergangenheit, zumal im „Boomland" Schweiz. Die internationale Politik ist durch den Gegensatz zwischen „Ost" und „West" („kalter Krieg") gekennzeichnet, was im Roman allerdings lediglich im Hintergrund aufleuchtet (Gastmanns Abendgesellschaft mit Vertretern „fremder" Mächte), ebenso wie die fehlende Auseinandersetzung mit der opportunistischen Haltung der Schweiz gegenüber dem NS-Regime.

Wirtschaftswunderland

Der Richter und sein Henker erscheint in einer Zeit der wiedergewonnenen politischen und sozialen Stabilität und der **beginnenden wirtschaftlichen Prosperität**.

„Um 1950 begann eine neue Zeit. (…) Die Wirklichkeit bekam wieder Glanz. Sonntag und Alltag waren wieder zu unterscheiden. Es gab wieder eine Spur von Luxus, wieder etwas, worauf sich Ehrgeiz und Träume projizieren ließen."[2]

Die Trümmer des Krieges sind fast überall weggeräumt, der Neuaufbau und das Wirtschaftswunder setzen ein. Und die Schweiz, vom Krieg und seinen Folgen kaum berührt, vollzieht diese Entwicklung zum Modernen nach 1945 rascher und drastischer als etwa Deutschland: Ein **Bauboom** erfasst das Land, eine Motorisierungswelle ergreift seine Bürger, die Konjunktur zieht an.

Nachkriegszeit

---

2   Maenz, S. 34.

2.2 Zeitgeschichtlicher Hintergrund

„In der unzerstörten Schweiz wurde schneller offenbar, was in den anderen westeuropäischen Ländern, voran der Bundesrepublik, noch lange kaschiert wurde: Dass der Umbau des kleinen, landwirtschaftlichen Landes in einen modernen Industriestaat nicht nur Aufbau, sondern vor allem auch Zerstörung einer menschlichen, überschaubaren, natürlichen, aber auch besonders schönen Landschaft zugunsten einer abgezirkelten, scheinbar sauberen, planen Industriewelt war."[3]

Boomland Schweiz

Anzeichen für den einsetzenden Boom lassen sich im Roman finden. Auch Tschanz, der Mitarbeiter Bärlachs, ist von der Motorisierungswelle erfasst; er leistet sich ein großes und teures Fahrzeug, nämlich einen Mercedes. Gastmann, der Gegenspieler Bärlachs, hat Geschäftsverbindungen in die ganze Welt, schwimmt auf der Woge des wirtschaftlichen Aufschwungs. Bei ihm verkehrt die Elite der schweizerischen Industrie (vgl. S. 53). Der weiten Welt der Geschäftsbeziehungen steht die Idylle der schweizerischen Landschaft gegenüber.

Weite Welt und Idylle

„Die Landschaft, besonders schön und geruhsam gezeichnet, ist die Landschaft um die ‚Festi' in Ligerz herum, wo Dürrenmatt mehrere Jahre wohnte."[4]

Politische Zeitbezüge im Roman

Auch die **politische Großwetterlage der 1950er-Jahre** spielt in den Roman hinein. Als Bärlach und Tschanz bei der Abendgesellschaft von Gastmann auftauchen, geraten sie in eine Konfrontation mit Nationalrat von Schwendi, der Bärlach bezichtigt, ein

Zeitbezüge und Geschichte

---

3   Knopf, S. 92.
4   Brock-Sulzer, *Stationen*, S. 235.

2.2 Zeitgeschichtlicher Hintergrund

Separatist bzw. Kommunist zu sein (vgl. S. 36). Hier wird, wenn auch nur nebenbei, deutlich, dass der politische Hintergrund des Romans **der Kalte Krieg** ist. Die Allianz zwischen den Westmächten und Russland ist zerfallen, längst stehen sich zwei politische und militärische Blöcke gegenüber, längst sind die Kommunisten wieder zum Feindbild geworden, was Gastmann aber nicht daran hindert, auch mit chinesischen Kommunisten Beziehungen zu pflegen (vgl. S. 53). Ebenfalls en passant spielt der Roman auf die jüngste Vergangenheit an, nämlich die Rolle der Schweiz zur Zeit des Nationalsozialismus.

Dies geschieht über Hinweise auf den Lebenslauf Bärlachs. Bärlach hat lange im Ausland gelebt, zunächst in Konstantinopel und dann in Deutschland, wo er der Kriminalpolizei in Frankfurt vorgestanden hat. 1933, im Jahre der Regierungsübernahme Hitlers und am Beginn der nationalsozialistischen Diktatur, verlässt Bärlach Frankfurt und kehrt nach Bern zurück, nicht weil er Bern besonders liebt, sondern wegen einer „Ohrfeige (...), die er einem hohen Beamten der damaligen neuen deutschen Regierung gegeben hatte." (S. 8) Diese Tat wird in der Schweiz ganz unterschiedlich bewertet, „endlich sogar als die einzige für einen Schweizer mögliche Haltung; dies aber erst fünfundvierzig." (ebd.) Dürrenmatt kritisiert hier die **opportunistische Haltung der Schweiz gegenüber dem NS-Regime**. Eine antinazistische Position kommt erst zum Tragen, als der Nationalsozialismus sich bereits erledigt hat und die politische Stellungnahme wohlfeil zu vertreten ist. Der Antinazismus ist bei von Schwendi zur reinen Attitüde verkommen und wird als Argumentationsfigur gegen die Polizeiuntersuchungen missbraucht: „(...) wir haben noch lange nicht die Gestapo." (S. 46) Dürrenmatt verspottet das **Parteiensystem der Schweiz** mit dem Hinweis darauf, dass Lutz und von Schwendi Mitglieder der „konservativen liberalsozialistischen Sammlung der Unabhän-

Bärlachs
Verhalten 1933

2.2 Zeitgeschichtlicher Hintergrund

gigen" sind (S. 45), womit alle Strömungen des demokratischen Parteienwesens bis zur Profillosigkeit vermischt sind. Die Schweiz, diese sprichwörtliche Idylle, hat letztlich, so der Roman, kein politisches Profil, sondern nur ein ökonomisches Interesse: „Millionen stehen auf dem Spiel (…), Millionen!" (S. 55)

2.3 Angaben und Erläuterungen zu wesentlichen Werken

ZUSAMMEN-
FASSUNG

Als der Roman *Der Richter und sein Henker* 1952 erscheint, liegen die großen Erfolge Dürrenmatts als Autor noch vor ihm. Seine wohl bekanntesten Theaterstücke *Der Besuch der alten Dame* und *Die Physiker* kommen erst in den Jahren 1956 und 1962 auf die Bühne. Trotz der Behandlung unterschiedlicher Themen und Probleme sowie der verschiedenen Genres (Drama, Kriminalroman etc.), gibt es zwischen den Werken Dürrenmatts verbindende Elemente:

→ Dürrenmatt präsentiert Figuren, die in Schuld verstrickt sind oder sich, obwohl sie das Gute wollen, in Schuld verstricken. Er zeigt uns den mutigen Einzelnen, der versucht, die Ordnung der Welt in seiner Brust wiederherzustellen.

→ In Dürrenmatts Werken spielt der Zufall eine bedeutende Rolle. Der Zufall kann dabei Anstoß für das Handeln der Figuren sein oder auch ihr Handeln so bestimmen, dass sie scheitern (wie Kommissar Matthäi im *Versprechen*).

→ Häufig greift Dürrenmatt auf das Motiv des Essens (und Trinkens) zurück; Nahrungs-und Genussmittel (Zigarren, Getränke, Schokolade) tauchen immer wieder auf. Kommissar Bärlach offenbart Tschanz sein Spiel mit ihm während eines Abendessens.

| 1 SCHNELLÜBERSICHT | 2 FRIEDRICH DÜRRENMATT: LEBEN UND WERK | 3 TEXTANALYSE UND -INTERPRETATION |

2.3   Angaben und Erläuterungen zu wesentlichen Werken

Der Besuch der alten Dame, Romulus der Große und Die Physiker

Bereits die Angaben zur Biografie (vgl. Kap. 2.1 dieser Erläuterung), die selbst wiederum ja nur eine Auswahl aus dem Werk Friedrich Dürrenmatts präsentieren, dürften deutlich gemacht haben, wie umfangreich das Gesamtwerk dieses Autors ist. Jeder Versuch, dem Schriftsteller, Publizisten, Essayisten und Literaturtheoretiker Dürrenmatt auf wenigen Seiten gerecht zu werden, muss deshalb zum Scheitern verurteilt sein. Daher sollen hier nur ausschnitthaft die Figuren Ill und Romulus aus Dürrenmatts *Der Besuch der alten Dame* (1956) und *Romulus der Große* (1949) sowie Möbius aus der Komödie *Die Physiker* (1962) beleuchtet werden, weil es zwischen ihnen und Kommissar **Bärlach** aus den Kriminalromanen Berührungspunkte gibt. In einem weiteren Abschnitt dieses Kapitels wird auf einige Motivverbindungen zwischen *Der Richter und sein Henker* und anderen literarischen Werken Dürrenmatts hingewiesen.

Der Einzelne und die Verantwortung. Anmerkungen zu einigen Figuren Friedrich Dürrenmatts

Romulus der Große

1949 kommt Dürrenmatts Vier-Akter *Romulus der Große,* eine „ungeschichtliche historische Komödie", auf die Bühne (Uraufführung am Stadttheater Basel).

Romulus, der letzte Kaiser des römischen Imperiums, der hauptsächlich Interesse an seiner Hühnerzucht hat und seine Hühner alle mit den Namen seiner kaiserlichen Vorgänger belegt hat, wird damit konfrontiert, dass die Germanen Pavia überrannt haben und alsbald vor den Toren Roms stehen werden. Romulus ist aber zu der Einsicht gekommen, dass das römische Reich zum Untergang verurteilt ist („Rom ist längst gestorben. Du opferst dich einem Toten, du kämpfst für einen Schatten, du lebst für ein zerfallenes Grab", lässt er den Präfekten Spurius Titus Mamma wissen; *Romulus,* S. 46).

Aus dieser Einsicht heraus weigert sich Romulus, die verbliebenen Truppen Roms in ein letztes und aussichtsloses Gefecht zu führen, was ihm als Verrat ausgelegt wird. Als er deswegen ermordet werden soll, macht er keine Anstalten, sich zu wehren, doch wird die Mordtat nicht ausgeführt, weil die Germanen eintreffen. Während der Hofstaat sich absetzt (bei der Flucht kommen Romulus' Frau und Tochter ums Leben), erwartet Romulus in seinem heruntergekommenen Landhaus nun die Germanen und mit ihnen seinen Tod. Doch Odoaker, der Germanenfürst, teilt mit Romulus die Vorliebe für die Hühnerzucht und die Müdigkeit, ein Weltreich zu erobern ("Ich bin ein Bauer und hasse den Krieg. Ich suche eine Menschlichkeit, die ich in den germanischen Urwäldern nicht finden konnte. Ich fand sie in dir, Kaiser Romulus.", *Romulus*, S. 108). Beide Männer verständigen sich darauf, noch einmal eine kaiserliche Pose einzunehmen: Romulus ernennt Odoaker zum König von Italien, Odoaker schickt Romulus feierlich in Pension. Beide sehen aber in Odoakers Neffen Theoderich bereits ihren Henker und den Fortsetzer einer Kriegs- und Großmachtpolitik.

Dürrenmatts Komödie, mit viel Wortwitz und Kalauern durchsetzt (als "running gag" taucht der ewig verschlafene und immer zu spät kommende Spurius Titus Mamma auf), zeigt mit Romulus einen ironischen "Helden", der dem Rollenbild eines römischen Kaisers nicht entsprechen und der gleichsam aus der Geschichte aussteigen will.

Romulus: ein ironischer „Held"

Die Tragik Romulus' besteht darin, dass er den Untergang Roms bewusst in Kauf genommen hat und sich opfern will, weil er seinem Land schon zu viele Opfer zugemutet hat. Nun muss er weiterleben in dem Wissen, dass ein anderer (Theoderich) in Zukunft ein Weltreich aufrichten wird, sodass das Rad von Krieg, Eroberung und Unterdrückung, das Romulus durch den bewusst herbeigeführten Untergang Roms zum Stillstand bringen wollte, sich weiterdrehen wird.

Der Besuch der alten Dame

1956 wurde am Zürcher Schauspielhaus *Der Besuch der alten Dame* uraufgeführt, neben den *Physikern* Dürrenmatts größter Theatererfolg.

Das Stück spielt in dem kleinen, völlig heruntergekommenen Ort Güllen. Die Einwohner setzen ihre ganze Hoffnung auf Claire Zachanassian, eine Multimilliardärin, die ihren Besuch angekündigt hat. Einst lebte sie in Güllen und war die Geliebte von Ill. Jetzt kommt sie zurück, um sich Gerechtigkeit zu verschaffen, denn Ill hatte sie im Stich gelassen, als sie ein Kind von ihm erwartete. Vor Gericht war sie (durch Falschaussagen) als Hure verleumdet worden. Sie stellt den Güllenern eine Milliarde in Aussicht, knüpft jedoch eine Bedingung daran: Ill soll für seinen Verrat an ihr getötet werden. Wird diese Bedingung zunächst empört zurückgewiesen, muss Ill am Ende des II. Aktes bereits erkennen: „Ich bin verloren." Denn die ökonomische Misere, in der sich Güllen befindet, ist von Claire Zachanassian herbeigeführt worden, die den ganzen Ort aufgekauft hat, um so seinen Ruin betreiben zu können. Im III. Akt wird der vom Turner erwürgte Ill Claire Zachanassian, wie sie es gefordert hat, vor die Füße gelegt.

Der doppelte Prozess, die Schuld Ills und der Güllener

Das Spiel zeigt einen doppelten Prozess mit gegenläufiger Entwicklung. Der erste Prozess richtet sich gegen Ill, der nach 25 Jahren für seinen Verrat an der Liebe zu Claire und die damalige Bestechung der Zeugen und des Richters, die sich nun im Tross der Zachanassian befinden, zur Rechenschaft gezogen wird. Der zweite Prozess richtet sich gegen die Güllener insgesamt, die das Unrecht an Claire Zachanassian duldeten und sie zudem noch mit Schimpf und Schande aus dem Dorf trieben. Während Ill sich aber nun zu seiner Schuld bekennt, verdoppeln die Güllener ihre damalige Schuld durch den Mord an Ill in der Gegenwart. Dabei geht der **moralische Tiefpunkt**, auf den die Gemeinde zusteuert, mit dem **ökonomischen Aufschwung** durch die Milliarde einher. Wird Ill physisch vernichtet, moralisch aber erhöht, weil er seine Schuld annimmt und dafür sühnt, erweist sich die Gemeinde als heuchlerische Gemeinschaft, die sich angesichts der wirtschaftlichen Krise und des in Aussicht gestellten Aufschwungs von allen humanitären Idealen verabschiedet.

Neben dem *Besuch der alten Dame* ist Dürrenmatts Komödie *Die Physiker*, die 1962 uraufgeführt wurde, zum großen Theatererfolg geworden.

Die Physiker

Das Stück spielt im Sanatorium „Les Cerisiers", das unter der Leitung von Mathilde von Zahnd steht. Drei Patienten werden dort betreut, alle drei sind Physiker. Der eine hält sich für Einstein, der zweite für Newton, und der dritte ist Möbius, der behauptet, ihm erscheine der König Salomo. Das Stück beginnt als Kriminalgroteske, denn alle drei Patienten bringen eine Krankenschwester um (I. Akt). Im II. Akt stellt sich aber heraus, dass es sich bei Einstein und Newton, die ganz und gar nicht verrückt sind, um Geheimagenten zweier feindlicher Mächte handelt, die sich lediglich im Sanatorium aufhalten, um Möbius auf die Spur zu kommen und ihn wegen seiner genialen physikalischen Entdeckungen für ihre jeweilige Macht gewinnen wollen. Es stellt sich heraus, dass auch Möbius den Irren nur spielt. Er ist in die Irrenanstalt gegangen, um sein Wissen und seine Entdeckungen nicht in die Hände von Politikern gelangen zu lassen. Es gelingt Möbius, Einstein und Newton davon zu überzeugen, mit ihm gemeinsam im Irrenhaus zu bleiben, um die Welt vor dem Untergang zu bewahren, den er auf Grund seiner Erfindungen für möglich hält. Das Stück nimmt eine erneute Wendung, als Mathilde von Zahnd den drei Physikern ver-

1 SCHNELLÜBERSICHT	2 FRIEDRICH DÜRRENMATT: LEBEN UND WERK	3 TEXTANALYSE UND -INTERPRETATION

2.3 Angaben und Erläuterungen zu wesentlichen Werken

kündet, ihr erscheine Salomo, den Möbius verraten habe. Mathilde von Zahnd hat die Aufzeichnungen von Möbius kopiert, um sie zu verwerten und ein Imperium aufzubauen. Das Sanatorium, mittlerweile mit Wachen und Gittern ausgestattet, wird zum Gefängnis für die drei Physiker. Die Geschichte hat ihre „schlimmstmögliche Wendung" genommen.

Kommissar Bärlach ist die Mittelpunktfigur der Kriminalromane *Der Richter und sein Henker* und *Der Verdacht*. Er ist ein Einzelgänger, verlässt sich mehr auf seinen Instinkt als auf „wissenschaftliche" Polizeimethoden und ist ein leidenschaftlicher (Schach-) **Spieler**. Das Unrecht dieser Welt hat er in sich hineingefressen. Er ist durch Magenkrebs gezeichnet (gleichwohl, was das Essen und Trinken angeht, ein Gargantua[5]) und sieht einer Operation entgegen, deren Ausgang ungewiss ist.

Zugleich ist er ein **Moralist**, der den Einsatz seines Lebens nicht scheut (*Der Verdacht*), aber auch selbst unmoralisch handelt, um der Moral Geltung zu verschaffen, denn er bricht die Regeln des Gesetzes, indem er sich zum Richter macht und Tschanz als sein Werkzeug benutzt, um Gastmann zur Strecke zu bringen (*Der Richter und sein Henker*).

Bei aller Unterschiedlichkeit in der Figurenzeichnung und den Charakterzügen, den Handlungsweisen und Konstellationen, in die Romulus, Möbius, Ill und Bärlach gesetzt sind, ergeben sich doch Bezugspunkte zwischen diesen Figuren. Auf ihre jeweils ganz eigene Weise sind die Figuren in Schuld verstrickt, haben Schuld auf sich geladen und müssen sich ihrer Verantwortung stellen, wobei sie oft von der eigenen Vergangenheit eingeholt werden. Romulus

Vergleich Bärlach mit anderen Dürrenmatt-Protagonisten

––– –––

5   Figur von François Rabelais, die mit einem unstillbaren Appetit gesegnet ist.

erkennt im Gespräch mit Odoaker an, dass er sich das Recht genommen hat, „Roms Richter zu sein" und von seinem „Lande ein ungeheures Opfer" zu verlangen (Romulus, S. 108). Bärlach muss sich eingestehen, dass er durch die Wette mit Gastmann Schuld auf sich geladen hat, die er durch eine erneute Schuld in der Gegenwart – er macht sich zum Richter und lässt durch Tschanz im Grunde die Todesstrafe an Gastmann vollziehen – zu tilgen sucht. Ill wird ebenfalls von der Vergangenheit, in der er Schuld auf sich geladen hat, eingeholt. Möbius sieht durch die Ergebnisse seiner Forschungen die Existenz der gesamten Menschheit gefährdet: „Unsere Wissenschaft ist schrecklich geworden, unsere Forschung gefährlich, unsere Erkenntnis tödlich." (Die Physiker, S. 74) Und um ein schrecklicheres Morden zu verhindern, ist er zum Mörder und somit schuldig geworden. Alle vier Figuren ziehen individuelle Konsequenzen aus ihren Einsichten und ihren Schuldanerkenntnissen. Ill steigt nicht in den Zug, der ihn von Güllen fortbringen könnte, Romulus erklärt das römische Weltreich für aufgelöst und geht in Pension, Bärlach riskiert sein Leben und begibt sich in die Hände eines Mörders, Möbius sucht Rettung durch die Flucht in das Irrenhaus. Durch ihre individuellen Taten wird die Welt als Ganzes aber nicht gerettet. Besonders Möbius trägt durch seinen Entschluss dazu bei, dass die „schlimmstmögliche Wendung" eintritt. Aber man „(...) kann den Kaiser Romulus, man kann Ill und Möbius, die tapferen Einzelnen, als Menschen verstehen, die ihre Verantwortung wahrnehmen, indem sie nicht mehr mitmachen, nicht mehr mitspielen."[6]

Bezugspunkte zwischen Möbius, Romulus, Ill und Bärlach: die tapferen Einzelnen

---

6   Krättli, S. 20.

| 1 SCHNELLÜBERSICHT | 2 FRIEDRICH DÜRRENMATT: LEBEN UND WERK | 3 TEXTANALYSE UND -INTERPRETATION |

2.3 Angaben und Erläuterungen zu wesentlichen Werken

Vom Essen und Trinken – Motivverbindungen

„Schlimmst-mögliche Wendung"

Das entscheidende Gespräch zwischen den drei Physikern (II. Akt) findet während eines üppigen Abendessens statt. Newton kommentiert: „Merkwürdig. Sonst essen wir doch abends leicht. Und bescheiden." (*Die Physiker*, S. 61)

Dass ein zentraler Dialog oder ein bedeutender Handlungsabschnitt in einem Text Dürrenmatts während eines Essens stattfindet, ist nicht nur dem Umstand geschuldet, dass Dürrenmatt selbst dem Essen und Trinken gerne zugesprochen hat. Dürrenmatt nutzt das kommunikative Moment eines Essens, zumal eines Abendessens, um seine Figuren „ins Gespräch miteinander" zu bringen und so Dialog und Handlung voranzutreiben. Allerdings wendet er die kommunikative Situation des Essens oft ins Bedrohliche und Gespenstische.

Essen als Henkersmahlzeit

Wenn Einstein das Abendessen als **„reinste Henkersmahlzeit"** bezeichnet (*Die Physiker*, S. 66, Hervorhebung nicht im Original), so trifft er mit seiner als Witz gemeinten Bemerkung den Nagel auf den Kopf, denn noch während des Essens verwandelt sich der Salon des Sanatoriums (der Spielort) in ein Gefängnis (vgl. S. 67). Als eine Henkersmahlzeit entpuppt sich für den Generalvertreter Alfredo Traps aus Dürrenmatts *Die Panne* das Abendessen mit den älteren Herren, in deren Gesellschaft er nach der Panne seines Fahrzeugs gerät. Das Gespräch bei Tisch setzt Traps einer Verhörsituation aus; die alten Herren, ein Richter, ein Staatsanwalt, ein Verteidiger und ein (nebenberuflicher) Henker, alle schon nicht mehr im Amt, klagen ihn des Mordes an und verurteilen ihn zum Tode; das Spiel, wie sie es nennen, endet damit, dass Traps sich in seinem Zimmer erhängt.

Abendessen als Verhör

Kaiser Romulus und Odoaker (*Romulus der Große*) kommen sich beim Genuss von Spargelwein, den Romulus kredenzen lässt, näher; jedoch stellt Odoaker fest, dass Bier besser schmeckt als dieses römische Getränk, und mit dem römischen Reich wird auch der Spargelwein in Vergessenheit geraten.

24   FRIEDRICH DÜRRENMATT

| 4 REZEPTIONS-GESCHICHTE | 5 MATERIALIEN | 6 PRÜFUNGS-AUFGABEN |

2.3 Angaben und Erläuterungen zu wesentlichen Werken

Im *Besuch der alten Dame* gibt es keine Szene mit einem großen Essen, doch spielen hier Genuss- und Lebensmittel eine wichtige Rolle, die die Güllener in Ills Krämerladen (in Erwartung baldigen Reichtums) auf Kredit kaufen (Schokolade, Tabak, Kognak) und in seinem Laden verzehren (siehe II. Akt). Nicht Ill verzehrt hier seine Henkersmahlzeit, sondern die Henker selbst sind es (die Einwohner Güllens), die, auf Ills Ermordung spekulierend, sich in seinem Laden dem Genuss auf seine Kosten hingeben. Ills „Henkersmahlzeit" ist eine Zigarette. Er wird ermordet, nachdem er seine Zigarette auf den Boden fallen gelassen und sie ausgetreten hat. Er wird ausgelöscht – wie seine Zigarette.

Die letzte Zigarette

Auch das letzte und entscheidende Gespräch zwischen Kommissar **Bärlach** und seinem Mitarbeiter Tschanz (*Der Richter und sein Henker*) findet während eines Abendessens statt. Bärlach überführt Tschanz nicht nur des Mordes an Schmied, sondern klärt Tschanz darüber auf, dass und wie er ihn zum Werkzeug gemacht hat, um Gastmann, den er seit Jahren gejagt hat, zu vernichten. Tschanz muss erkennen, dass die freundliche Einladung zum Essen eine Falle war. Wie Traps richtet auch Tschanz sich selbst (er wird mit seinem Wagen von einem Zug überrollt).

Aufklärung beim Abendessen

Vom Zufall – Motivverbindungen

Romulus und Odoaker können als Beleg für die Rolle des Zufalls in den literarischen Werken Dürrenmatts gelten, denn beide Imperatoren vereint (rein zufällig natürlich!) das Interesse an der Hühnerzucht. Und so parlieren sie bei ihrer Begegnung zunächst über die Vor- und Nachteile bestimmter Hühnerrassen, bevor sie auf das Schicksal des Römischen Reiches zu sprechen kommen. Ein Zufall führt den Generalvertreter Traps (*Die Panne*) in die Abendgesellschaft der alten Herren, denn just an dem Abend, an dem der Motor seines Wagens wegen einer defekten Benzinlei-

Zufälle als Handlungselemente

DER RICHTER UND SEIN HENKER 25

1 SCHNELLÜBERSICHT	2 FRIEDRICH DÜRRENMATT: LEBEN UND WERK	3 TEXTANALYSE UND -INTERPRETATION

2.3   Angaben und Erläuterungen zu wesentlichen Werken

tung streikt, sind alle Gasthöfe in dem kleinen Ort belegt, sodass man ihn auf die Villa hinweist, in der ab und zu Reisende als Gast aufgenommen werden. Und zufällig tagen an diesem Abend wieder einmal die alten Herren und laden ihn ein.

Mehr durch einen Zufall kommt **Kommissar Bärlach** (*Der Verdacht*) dem ehemaligen KZ-Arzt Nehle/Emmenberger auf die Spur; denn zufällig hat Bärlachs Freund und Arzt Dr. Hungertobel diesen einst operiert und meint (wenn auch stark zweifelnd), ihn auf einem Foto wiedererkannt zu haben. Und gerettet wird Bärlach ebenfalls durch einen Zufall, der darin besteht, dass der Jude Gulliver, der Bärlach in höchster Not hilft, den mörderischen Zwerg (das Werkzeug Emmenbergers/Nehles) aus dem Konzentrationslager kennt.

In den *Physikern* führt ein reiner Zufall Möbius, der seine Erkenntnisse vor der Welt verbergen will, ausgerechnet in ein Sanatorium, das von einer geisteskranken Ärztin geleitet wird.

Unterschiedliche Bedeutung

Nun können Zufälle ein unterschiedliches Gewicht, eine unterschiedliche Bedeutung haben. Sie können Anstoß für die Handlung sein, wie etwa das Foto in *Der Verdacht* Anstoß für **Bärlachs** Ermittlungen ist. Beim Zufall in den *Physikern* handelt es sich um einen, wie Ulrich Profitlich es einmal genannt hat, „definitiven Zufall", einen Zufall, der das Geschehen in einem solchen Grade bestimmt, dass der (negative) Ausgang unaufhaltsam wird, dass die Schicksale der Figuren besiegelt sind, dass alle anderen Handlungsfaktoren keinen Einfluss mehr auf den Ausgang nehmen können und dass, wenn ein positives Ende greifbar nahe erscheint (in den *Physikern* der Entschluss, gemeinsam im Irrenhaus zu bleiben, um die Welt zu retten), die Handlung eine entscheidende Schicksalswende nimmt.[7]

---

[7]   Vgl. Profitlich, S. 28 f.

26   FRIEDRICH DÜRRENMATT

2.3 Angaben und Erläuterungen zu wesentlichen Werken

Auch im *Besuch der alten Dame* ist der Zufall wirkungsmächtig, muss es doch als Zufall erscheinen, dass die mit Schimpf und Schande aus Güllen verjagte Klara Wäscher ausgerechnet in einem Bordell auf einen Multimilliardär trifft, der sie heiratet und ihr dadurch die Geldmittel in die Hände spielt, die sie benötigt, um ihre spätere Rache in die Tat umsetzen zu können. Dieser Zufall gehört zu den Handlungsvoraussetzungen, die das Bühnengeschehen ins Rollen bringen. Einmal in Gang gesetzt, läuft der Plan der früheren Klara Wäscher, aus der Claire Zachanassian geworden ist, dann allerdings mit der Präzision eines Schweizer Uhrwerks ab. Der Zufall hat keinen Platz mehr!

Zufall als Handlungsvoraussetzung

Die Bedeutung des Zufalls spielt bei Dürrenmatt auf zwei Ebenen eine Rolle: Auf der Ebene der Dramaturgie (des einzelnen Dramas oder auch einer Erzählung) ist der Zufall das Mittel, um den Einfall, der am Beginn eines Dramas oder eine Erzählung steht, über die Handlung zu entfalten und bis zu ihrem Ende zu führen, also zur „schlimmstmöglichen Wendung".[8] Die Pläne von Möbius werden durch den Zufall durchkreuzt, der aber seine Wirkungsmacht erst dadurch ins Schreckliche entfalten kann, dass er der irren Ärztin die Möglichkeiten in die Hände spielt, die sie zur Umsetzung ihrer Pläne benötigt, und dass Möbius – isoliert – in einer Welt lebt, vor der er meint, flüchten zu müssen, weil sie sonst seine Erfindungen missbrauchen würde, den eigenen Untergang in Kauf nehmend. Claire Zachanassian hätte ohne die zufällige Begegnung mit ihrem ersten Mann nicht die Milliarden zur Verfügung, die sie benötigt, um das Räderwerk ihrer Rache in Gang zu setzen.

Zufall auf der Ebene der Dramaturgie

---

8 Dürrenmatts Punkte 1 und 2 zu den *Physikern* beschreiben diesen Ansatzpunkt: „1 Ich gehe nicht von einer These, sondern von einer Geschichte aus. 2 Geht man von einer Geschichte aus, muss sie zu Ende gedacht werden." (*Physiker*, S. 91).

| 1 SCHNELLÜBERSICHT | 2 FRIEDRICH DÜRRENMATT: LEBEN UND WERK | 3 TEXTANALYSE UND -INTERPRETATION |

2.3   Angaben und Erläuterungen zu wesentlichen Werken

Philosophische Dimension des Zufalls

Zugleich hat der Zufall aber auch eine philosophische Dimension. Er stellt sich dem planenden Menschen entgegen und zeigt ihm die Grenzen des „Machbaren" (im Sinne einer vorausschauenden Planung) auf. Der Zufall als Prinzip ist der **Ausdruck einer verlorenen Ordnung** in einer Welt, die Dürrenmatt als „Chaos" sieht.[9] Der Zufall als philosophisches Prinzip ist Ausgangspunkt der Wette, die **Bärlach** und Gastmann in *Der Richter und sein Henker* aneinander bindet. Im Disput mit Gastmann vertritt Bärlach die These,

> „daß die menschliche Unvollkommenheit, die Tatsache, daß wir die Handlungsweise anderer nie mit Sicherheit vorauszusagen, und daß wir ferner den **Zufall**, der in alles hineinspielt, nicht in unsere Überlegungen einzubauen vermögen, der Grund sei, der die meisten Verbrechen zwangsläufig zutage fördern müsse." (S. 65/67, Hervorhebung nicht im Original)

Verbrechen und Mord bei Dürrenmatt

Verbrechen und Mord in Dürrenmatts Werken

In Dürrenmatts Werk spielen Verbrecher und Verbrechen und im Kontext damit die Fragen nach Schuld und Verantwortung, Recht und Gerechtigkeit immer wieder eine Rolle. So kommt es im Stück *Die Physiker* immerhin zu drei Morden, und der ermittelnde Kriminalinspektor Voß kann als skurrile Kontrastfigur zu Bärlach gesehen werden. Im Stück *Der Besuch der alten Dame* wird ein Mord erkauft und vollzogen; in der Erzählung *Die Panne* wird der Vertreter Traps eines Mordes überführt, und im Roman *Das Versprechen* soll ein weiterer Mord verhindert werden. Im Roman *Justiz* erschießt Kantonsrat Kohler den Rektor der Universität Zürich, im Vortrag *Monstervortrag über Gerechtigkeit und Recht* geht Dürrenmatt der Frage von Recht und Gerechtigkeit nach.

---

9   Dürrenmatt, *Theaterprobleme*, zitiert nach: Staehle, S. 109.

| 4 | REZEPTIONS-GESCHICHTE | 5 | MATERIALIEN | 6 | PRÜFUNGS-AUFGABEN |

2.3 Angaben und Erläuterungen zu wesentlichen Werken

VERBINDUNGEN ZU ANDEREN WERKEN UND FIGUREN
DER RICHTER UND SEIN HENKER/KOMMISSAR BÄRLACH

Mörder- und Verbrecherfiguren: Gastmann (*Der Richter und sein Henker*), Nehle/Emmenberger (*Der Verdacht*). Im *Besuch der alten Dame* kommt es zum Mord an Ill, in *Die Physiker* werden drei Krankenschwestern ermordet.

Zufälle: v. a. in *Die Physiker*, aber auch in *Der Besuch der alten Dame* und in *Der Richter und sein Henker*

Die „mutigen Einzelnen": Dürrenmatts Figuren sind häufig in Schuld verstrickt, stellen sich aber ihrer Verantwortung: Ill, Möbius, Romulus, Bärlach.

Motiv des Essens und Trinkens: *Die Physiker*, *Besuch der alten Dame, Die Panne* und *Der Richter und sein Henker*

| 1 SCHNELLÜBERSICHT | 2 FRIEDRICH DÜRRENMATT: LEBEN UND WERK | 3 TEXTANALYSE UND -INTERPRETATION |

3.1 Entstehung und Quellen

3. TEXTANALYSE UND -INTERPRETATION

3.1 Entstehung und Quellen[10]

ZUSAMMEN-FASSUNG

→ Der Roman entsteht in einer finanziellen Notsituation Dürrenmatts.

→ Der Krimi erscheint als Fortsetzungsroman zunächst in einer Zeitschrift („Der Schweizerische Beobachter").

→ Dass ihm Kommissar Studer, die Hauptfigur der Kriminalromane seines Landsmannes Friedrich Glauser, als Vorlage für Kommissar Bärlach gedient habe, hat Dürrenmatt bestritten.

Der Krimi als Einkommens- quelle

Dürrenmatt hat die Kriminalschriftstellerei aus finanziellen Gründen begonnen, das ist von ihm selbst in aller Offenheit bekannt worden. 1948 war er mit seiner Frau Lotti und dem im Jahre 1947 geborenen Sohn Peter von Basel nach Ligerz am Bielersee umgezogen; 1949 wurde die Tochter Barbara geboren. Es galt also, eine Familie zu ernähren und einen Haushalt zu versorgen. Die Einkünfte, die Dürrenmatt aus seiner Tätigkeit als Texter für das Kabarett „Cornichon" erzielte, reichten nicht aus (1951 fiel diese Einnahmequelle gänzlich weg, weil das Kabarett sich auflöste). Die Theaterstücke *Es steht geschrieben*, *Der Blinde* und *Romulus der Große* waren keine Theatererfolge, die größere Einkünfte garantierten. *Die Ehe des Herrn Mississippi* wurde vom Verlag nicht angenommen. In dieser angespannten Situation kam Dürrenmatt auf die Idee, sein Einkommen durch das Verfassen von Kriminalromanen aufzubes-

10   Vgl. Pasche, S. 6; Knopf, S. 49; Knapp, *Grundlagen*, S. 16.

4 REZEPTIONS-GESCHICHTE	5 MATERIALIEN	6 PRÜFUNGS-AUFGABEN

3.1 Entstehung und Quellen

sern. Er bot verschiedenen Verlagen Rohentwürfe an; sein Roman *Der Richter und sein Henker* erschien schließlich in der Zeitschrift „Der Schweizerische Beobachter", die alle 14 Tage herauskam und mit über 380.000 Exemplaren die auflagenstärkste Publikation der Schweiz war. In acht Folgen zwischen dem 15. 12. 1950 und dem 31. 3. 1951 wurde der Roman erstmals gedruckt. Bereits 1952 kam eine überarbeitete Buchfassung heraus. *Der Verdacht* erschien im „Beobachter" zwischen dem 15. 9. 1951 und dem 29. 2. 1952 und wurde von Dürrenmatt teilweise während eines Krankenhausaufenthaltes verfasst. Dürrenmatt hat über die finanzielle Seite seiner Kriminalschriftstellerei und seine Arbeitsweise gesagt:

„Der Schweizerische Beobachter"

> „Ich hatte plötzlich nichts mehr. Da **mußte** ich schreiben, ich hatte keine andere Wahl. Also schrieb ich auf einen Auftrag hin die Kriminalromane *Der Richter und sein Henker* und *Der Verdacht*. Für den ersten bekam ich, glaube ich, 1000 und für den zweiten 2000 Franken. Lächerliche Summen. *Der Verdacht* wurde übrigens gleichzeitig geschrieben und gedruckt, das heißt, alle vierzehn Tage mußte ich ein Fortsetzungs-Manuskript abliefern, das dann sofort gedruckt wurde. Zu allem Überfluß war ich während dieser Arbeit noch krank, ich lag im Spital."[11]

Neben der Geldnot als akutem Anlass für das Verfassen der Kriminalromane ist auch Dürrenmatts Vergnügen daran zu nennen, die Erwartungen an einen „Dichter" zu durchbrechen, sich auch dem – zur damaligen Zeit – noch als trivial geltenden Genre des Krimis zuzuwenden. Über den Künstler und seine Möglichkeit, in der Welt der Bildung zu bestehen, hat er sich in seinem Essay *Theaterprobleme* so geäußert:

---

11 Zitiert nach: Pasche, S. 63 (Hervorhebung im Original).

| 1 SCHNELLÜBERSICHT | 2 FRIEDRICH DÜRRENMATT: LEBEN UND WERK | 3 TEXTANALYSE UND -INTERPRETATION |

3.1 Entstehung und Quellen

Erst leichte Literatur wird wieder gewichtig

„Wie besteht der Künstler in einer Welt der Bildung, der Alphabeten? Eine Frage, die mich bedrückt, auf die ich noch keine Antwort weiß. Vielleicht am besten, indem er Kriminalromane schreibt, Kunst da tut, wo sie niemand vermutet. Die Literatur muß so leicht werden, daß sie auf der Waage der heutigen Literaturkritik nichts mehr wiegt: Nur so wird sie wieder gewichtig."[12]

Das Verfassen von Krimis kann also auch als Teil eines ästhetischen Programms Dürrenmatts gesehen werden, dessen Kern darin besteht, die vorhandenen (Vor-)Urteile über Literatur und ein bestimmtes Genre, den Krimi, anzukratzen und mit dem Genre selbst zu spielen.

Quellen

Lassen sich Anlass und Umstände der Entstehung der Dürrenmatt'schen Krimis sicher bestimmen, so ist die Frage nach den Quellen weitaus schwieriger zu beantworten. Eine Beeinflussung durch die Kriminalromane Friedrich Glausers (1896–1938), in deren Mittelpunkt der Polizeiwachtmeister Studer steht, wird in der wissenschaftlichen Literatur zwar vermutet, ist aber von Dürrenmatt zurückgewiesen worden. Dürrenmatt selbst hat konstatiert, den Roman *Der Richter und sein Henker* unter dem Einfluss der Lektüre von Theodor Fontanes *Der Stechlin* (1897) verfasst zu haben. Als anregende Quelle kann wohl auch Simenons Kommissar Maigret gelten, besonders der im Jahre 1949 erschienene Roman *Maigrets erste Untersuchung.*

---

12 Zitiert nach: Große, S. 141.

3.2 Inhaltsangabe

In *Der Richter und sein Henker* manipuliert Kommissar Bärlach seinen Mitarbeiter Tschanz soweit, dass dieser, um von sich als Mörder an Schmied, einem anderen Mitarbeiter von Bärlach, abzulenken, den Industriellen Gastmann als Mörder präsentiert und diesen tötet. Schmied war auf den Verbrecher Gastmann angesetzt worden, den Bärlach sein ganzes Polizistenleben lang vergeblich zu überführen versucht hat und mit dem er schuldhaft in eine Wette verstrickt ist. In einem letzten Gespräch offenbart Bärlach Tschanz sein Wissen um den Mord an Schmied und gesteht Tschanz, dass er sich zum Richter über Gastmann gemacht und Tschanz als Henker für Gastmann gebraucht habe. Festnehmen lässt Bärlach Tschanz jedoch nicht. Dieser richtet sich selbst (er wird mit seinem Wagen von einem Zug überrollt).

Erstes Kapitel (S. 5–12)

Am 3. 11. 1948 findet Alphons Clenin, der Polizist von Twann, am Rande der Straße von Lamboing oberhalb der Twannbachtalschlucht den Berner Polizeileutnant Ulrich Schmied tot in seinem blauen Mercedes. Die Schläfen von Schmied sind durchschossen. Clenin weiß zunächst nicht, was er tun soll, entscheidet sich dann aber dafür, den Wagen mit dem Toten ins Tal nach Biel zu fahren. Der Vorgesetzte von Schmied, Kommissar Bärlach, wird mit der Untersuchung des Falls beauftragt. Als erstes ordnet er an, die Angelegenheit einige Tage geheim zu halten.

Bärlach sucht die Wohnung von Schmied auf, der bei Familie Schönler zur Untermiete gewohnt hat. Er sagt Frau Schönler,

Fund der Leiche von Polizeileutnant Schmied

Schmied sei auf einer Dienstreise, und er habe wichtige Unterlagen vergessen, die Bärlach ihm nachschicken müsse. Aus dem Zimmer Schmieds nimmt Bärlach eine Mappe mit Dokumenten mit.

Zweites Kapitel (S. 13–17)

Bärlach beginnt seine Ermittlungen

Während des Mittagessens studiert Bärlach die Dokumente Schmieds, dessen Leiche inzwischen von Biel aus nach Bern transportiert worden ist. Er begibt sich zu Dr. Lutz, der ihn nach einem Verdächtigen fragt. Bärlach antwortet mit „Ja", nennt aber keinen Namen. Unter Verweis auf seine Magenschmerzen bittet er Dr. Lutz, ihm den Kriminalisten Tschanz als Mitarbeiter zuzuteilen, was Lutz Bärlach zusagt.

Bärlach fährt mit dem Polizisten Blatter nach Twann. Gemeinsam mit den Polizisten Clenin und Blatter geht er zum Tatort, wo er eine Revolverkugel findet.

Drittes Kapitel (S. 18–23)

Die Theorie des Kriminalisten Tschanz

Am folgenden Morgen trifft Tschanz bei Bärlach im Büro ein. Bärlach erschrickt, denn Tschanz erinnert ihn stark an Schmied, hat aber, im Gegensatz zu diesem, ein „gutmütiges, volles Antlitz" (S. 18). Bärlach lobt gegenüber Tschanz seinen ehemaligen Mitarbeiter Schmied und bespricht dann mit Tschanz den Stand der Ermittlungen. Er behauptet, nicht zu wissen, warum Schmied sich am Bielersee aufgehalten hat. Tschanz legt Bärlach eine Theorie über Schmieds Ermordung vor. Danach ist Schmied von einer ihm bekannten Person angehalten worden, habe die Wagentür geöffnet, um die Person einsteigen zu lassen, und sei dann erschossen worden. Auf den Hinweis von Tschanz, Schmied habe unter dem Mantel Gesellschaftskleidung getragen, sagt Bärlach, er habe sich den Toten nicht angesehen und auch das Protokoll nicht gelesen,

3.2 Inhaltsangabe

sodass er davon nichts wisse. Tschanz zieht einen Taschenkalender hervor, der nach seinen Aussagen Schmied gehört habe. In ihm ist für den Tag des Todes von Schmied sowie an weiteren Tagen ein G verzeichnet. Nach Auffassung von Tschanz könne man hierin einen Ansatzpunkt sehen, um herauszufinden, wen Schmied aufgesucht habe. Auf die Frage von Tschanz, gegen wen sich Bärlachs Verdacht, von dem er gehört habe, richte, sagt Bärlach, dieser Verdacht sei kein „kriminalistisch wissenschaftlicher" Verdacht, sondern mehr eine „Idee", zu der aber noch die Beweise fehlten. Bis er den Verdacht äußere, müssten noch „Indizien" zum Vorschein kommen (S. 21 f.). Bärlach sagt, er wisse nicht, ob sich sein Verdacht bestätigen werde, Tschanz solle aber in wissenschaftlicher Weise arbeiten. Tschanz sagt, Schmied habe sich für den heutigen Tag für 20 Uhr erneut ein G in den Kalender eingetragen, deshalb wolle er um sieben nach Lamboing fahren; Bärlach erklärt, er wolle sich ihm anschließen. Die Frage von Tschanz, ob er im Zimmer Schmieds etwas gefunden habe, verneint Bärlach.

Ein „G" in Schmieds Taschenkalender

Viertes Kapitel (S. 24–28)

Tschanz sucht zur verabredeten Zeit Bärlach auf; als ihm niemand öffnet, stellt er fest, dass die Tür nicht verschlossen ist, und betritt die Wohnung. Er findet Bärlach in einer Halle auf einem Diwan liegend vor; er ist von Regalen voller Bücher umgeben; auf einem Schreibtisch liegt ein als Schlange geformtes Messer, über das Tschanz erschrickt. Bärlach, der nicht schläft, sagt Tschanz, dass man einmal versucht habe, ihn mit diesem Messer, das aus der Türkei stamme, zu ermorden; er weist Tschanz darauf hin, dass seine Wohnung nie abgeschlossen sei. Das Angebot von Tschanz, wegen des schlechten Wetters zu Hause zu bleiben, lehnt Bärlach mit dem Argument ab, es gelte einen Mörder zu fassen.

Bärlach auf seinem Diwan

Tschanz wählt für die Fahrt eine Route, die Bärlach ungewöhnlich nennt (er fährt über Kerzers und Erlach, nicht über Zollikofen und Biel). Während der Fahrt erwähnt Tschanz, dass Schmied seinem Wagen einen besonderen Namen gegeben habe. Bärlach nennt den Namen „blauer Charon" und klärt die Bedeutung des Namens (Charon = in der griechischen Mythologie der Fährmann, der die Toten über den Fluss Styx in die Unterwelt fährt). An den Tankstellen auf der Strecke hält Tschanz an und fragt, ob ein Fahrer getankt habe, der seinen Wagen „blauer Charon" genannt habe. Bei Erlach bestätigt der Tankwart, dass ein solcher Mann am Montagabend bei ihm getankt habe, woraus Tschanz die Schlussfolgerung zieht, dass Schmied diese Strecke genommen habe. Um zwanzig Minuten vor acht halten Tschanz und Bärlach an der Straße von Twann nach Lamboing an. Der Motor ihres Wagens ist ausgestellt und das Licht abgeschaltet.

Fünftes Kapitel (S. 29–31)

Suche nach der Abendgesellschaft

Bärlach fragt Tschanz, was er vorhabe, woraufhin Tschanz ausführt, es müsse doch eine Abendgesellschaft geben, da Schmied unter dem Mantel einen Frack getragen habe. Als mehrere voll besetzte Fahrzeuge an ihnen vorbeifahren, scheint Tschanz' Überlegung bestätigt. Tschanz folgt einer der Limousinen bis zu einer Villa, die von einer Mauer umgeben ist. Das große G auf dem Türschild deutet Tschanz als Anfangsbuchstaben des Namens Gastmann, den er im Telefonbuch als einzigen Namen außer dem Wort Gendarmerie gefunden habe.

Sechstes Kapitel (S. 32–41)

Vor dem Haus von Gastmann

Bärlach gibt seiner Verwunderung darüber Ausdruck, dass die Polizei nicht auf diesen Gastmann gekommen sei. Tschanz und Bärlach trennen sich. Bärlach geht nach rechts um die Mauer. Er wird von Magenschmerzen geplagt und lehnt sich an die Mauer,

3.2 Inhaltsangabe

bevor er weitergeht. Er gelangt an die beleuchtete Hinterseite des Hauses, wo er, seinen Berechnungen nach, wieder auf Tschanz treffen müsste. Aus dem Haus erklingt Musik (Bach). Plötzlich wird Bärlach von einem großen schwarzen Hund angegriffen und niedergerissen. Seine Kehle schützt er vor dem Tier mit dem linken Arm. Ein Schuss ertönt, das Tier ist tot, getroffen aus einer Kugel des Revolvers von Tschanz. Bärlach sagt zu Tschanz, dass er ihm das Leben gerettet habe und – auf die Frage von Tschanz hin – dass er selbst nur selten eine Waffe trage.

Die Musik im Haus verstummt, aus einem erleuchteten Fenster werden Bärlach und Tschanz gefragt, was sie da täten. Bärlach gibt sich als Polizist zu erkennen. Bärlach und Tschanz ziehen sich zum Eingangstor zurück, dort begegnet ihnen ein dicker Mann, der sich als Nationalrat und Oberst von Schwendi zu erkennen gibt und seine Empörung zum Ausdruck bringt. Bärlach sagt, er habe den Mord an Polizeileutnant Schmied zu untersuchen, was den Nationalrat veranlasst, nach dem Zusammenhang mit Gastmann zu fragen. Bärlach antwortet, Schmied sei am vergangenen Mittwoch Gast gewesen und auf der Rückfahrt ermordet worden. Von Schwendi erklärt daraufhin, er sei auch Rechtsanwalt Gastmanns und werde morgen in das Büro der Polizei kommen, um Auskunft zu geben, denn Gastmann selbst sei jetzt nicht zu sprechen. Von Bärlach erhält er eine Fotografie Schmieds. Tschanz und Bärlach verlassen das Gelände. Tschanz erklärt, er wolle die Polizisten von Lamboing über Gastmann ausfragen, Bärlach will im kleinen Restaurant am Anfang der Schlucht auf Tschanz warten.

Gastmanns Anwalt Oberst von Schwendi

Von dem Polizisten Charnel erfährt Tschanz, der verschweigt, dass er von Gastmann kommt, dass man noch keine Hinweise auf den Mörder habe, dass Gastmann Gesellschaften gegeben habe, mit dem Namen Schmied aber nichts anfangen könne und diesen auch nicht auf seinen Gesellschaften gesehen habe. Auf den Hin-

Tschanz befragt den Polizisten Charnel

weis von Tschanz, man solle doch andere Gäste befragen, sagt Charnel, das habe er bereits getan. Er habe einen Schriftsteller befragt, der in Schernelz wohne, Gastmann gut kenne und am Mittwoch ebenfalls bei der Gesellschaft gewesen sei. Auch diesem Schriftsteller sei der Name Schmied unbekannt gewesen. Tschanz sagt, er wolle sich den Schriftsteller noch vornehmen; er erfährt, dass Gastmann sehr reich sei und im Dorf als sympathischster Mensch gelte, weil er für das ganze Lamboing Steuern zahle. Als Beruf von Gastmann gibt Charnel „Philosoph" an. Auf den Rat von Charnel, er solle sich bei dem von Tschanz für den morgigen Tag angekündigten Besuch bei Gastmann vor dem Hund vorsehen, sagt Tschanz, dass er mit dem Hund schon fertig werde.

Siebtes Kapitel (S. 42–44)

Gegen 10 Uhr abends macht sich Tschanz auf den Weg, um Bärlach im Restaurant abzuholen. Er fährt noch einmal an Gastmanns Haus vorbei, in dem sich die Gäste immer noch aufhalten. Der tote Hund ist inzwischen beseitigt worden, lediglich eine Blutlache erinnert noch an ihn. Im Restaurant erfährt er, dass Bärlach sich dort kaum fünf Minuten aufgehalten habe. Er sei bereits nach Twann aufgebrochen. Auf der Rückfahrt erreicht Tschanz den Tatort, als sich aus der Dunkelheit plötzlich eine Gestalt löst und ihm ein Haltezeichen gibt. Als er anhält und die rechte Tür des Wagens öffnet, kommt ihm zu Bewusstsein, dass Schmied bei seiner Ermordung Ähnliches widerfahren sein muss. Er hat bereits seinen Revolver ergriffen, als er in der Gestalt Bärlach erkennt. Für einige Sekunden, die Tschanz wie Stunden vorkommen, sehen sich die beiden Männer mit Augen „wie Steine" (S. 43) an. Bärlach steigt in den Wagen und fordert Tschanz auf loszufahren. Tschanz stellt fest, dass Bärlach ihn plötzlich duzt.

Nach einiger Zeit des Schweigens fragt Bärlach nach den Ergebnissen der Gespräche von Tschanz. Als er von dem Schriftstel-

Wiederbegegnung mit Bärlach

ler hört, sagt Bärlach, er werde ihn befragen. Beim Abschied vor Bärlachs Haus dankt dieser Tschanz noch einmal; in der Halle mit den Büchern fährt Bärlach in seine Manteltasche und entnimmt ihr einen Revolver. Er zieht den Wintermantel aus. Sein linker Arm ist mit dicken Tüchern umwickelt, „wie es bei jenen Brauch ist, die ihre Hunde zum Anpacken einüben" (S. 44).

Achtes Kapitel (S. 45–50)

Am folgenden Morgen sucht von Schwendi seinen Parteifreund Dr. Lutz auf. Dieser muss völlig überrascht zur Kenntnis nehmen, dass Schmied unter dem Namen Dr. Prantl als angeblicher Privatdozent für amerikanische Kulturgeschichte bei Gastmann aufgetreten ist. Als Untersuchungsrichter Lutz ausführt, Schmied sei nicht dienstlich, sondern privat dort gewesen, äußert von Schwendi den Verdacht, Schmied sei ein Spion gewesen. Von Schwendi erklärt, nicht Gastmann sei als Angeklagter zu betrachten, sondern die Polizei, die in Erfahrung zu bringen habe, warum sich Schmied unter falschem Namen bei Gastmann aufgehalten habe. Von Schwendi überreicht Lutz eine Liste mit den Namen von Gastmanns Gästen. Diese Liste ist in drei Gruppen aufgeteilt: Die erste Gruppe sind Künstler, die zweite Gruppe Industrielle aus der Schweiz und die dritte Gruppe Abgesandte eines Staates, die Wert darauf legten, nicht mit den Industriellen zusammen genannt zu werden. Er komme, so Schwendi, um die Interessen der Industriellen zu vertreten, von denen er den Auftrag habe, die Polizei so weit zu informieren, wie es für die Klärung des Falles Schmied notwendig sei.

Von Schwendi spricht mit dem Untersuchungsrichter

Neuntes Kapitel (S. 51–55)

In der Fortsetzung des Gesprächs klärt von Schwendi Lutz dahingehend auf, dass es neben offiziellen Verhandlungen mit den Vertretern jener Macht (bei der es sich um China handelt) Ver-

| 1 SCHNELLÜBERSICHT | 2 FRIEDRICH DÜRRENMATT: LEBEN UND WERK | 3 TEXTANALYSE UND -INTERPRETATION |

3.2 Inhaltsangabe

handlungen auf privater Ebene gebe, bei denen der Staat sich nicht einzumischen habe. Und solchen geheimen Verhandlungen habe Schmied unter falschem Namen und geheim beigewohnt. Die Einwände, die Lutz erhebt, es seien ja auch Künstler anwesend gewesen, wischt von Schwendi mit dem Hinweis beiseite, bei den Künstlern handele es sich um die notwendige Dekoration. Und wenn Schmied nicht im Auftrag der Polizei gekommen sei, so sei er eben als Spion einer fremden Macht gekommen. Dem völlig in die Defensive gedrängten Lutz erklärt von Schwendi, Gastmann sei als Gesandter Argentiniens in China eine Vertrauensperson der fremden Macht und als ehemaliger Verwaltungspräsident des Blechtrusts eine Vertrauensperson der Industriellen, sodass er der ideale Gastgeber für die Verhandlungen gewesen sei, zumal er mit seiner Villa in Lamboing an einem völlig ruhigen und unbekannten Ort die Treffen arrangieren könne. Weitere Untersuchungen in Richtung Gastmann seien völlig überflüssig, führt von Schwendi aus. Lutz verweist, was die fremde Macht angeht, auf Entscheidungen des Bundesanwalts, sagt aber dann, dass die Polizei sich nun dem Mord an Schmied zuwenden werde. Falls es nötig sein sollte, Gastmann zu befragen, beabsichtige er, von Schwendi die Fragen vorher vorzulegen. Von Schwendi erklärt sich damit einverstanden, übergibt Lutz die Liste mit den Namen, nicht allerdings ohne den Hinweis, dass noch nicht klar sei, ob die fremde Macht weiterhin Interesse an Verhandlungen hätte und dass Millionen auf dem Spiel stünden.

Schmied wird als Spion verdächtigt

Zehntes Kapitel (S. 56–62)

Bärlach erscheint, um die rechtlichen Mittel zu verlangen, bei Gastmann vorsprechen zu dürfen. Lutz, der sich wegen der Zusage an von Schwendi unwohl fühlt und die Kritik Bärlachs fürchtet, verweist ihn auf den Nachmittag und sagt, es sei nun Zeit, zur

3.2 Inhaltsangabe

Beerdigung Schmieds zu gehen. Während der Fahrt im Wagen wird der Regen, der eingesetzt hat, immer stärker. Bärlach hält sich die Hand auf den Magen – ein untrügliches Zeichen für seine Schmerzen. Die Trauerfeier für Schmied hat begonnen, als Lutz und Bärlach eintreffen. Etliche Polizisten sind anwesend, Frau Schönler, die Vermieterin, weint, Tschanz ist ebenfalls da, in seiner Begleitung eine junge blonde Frau mit Namen Anna. Als Lutz ein paar Worte sprechen will, tauchen zwei betrunkene Männer in schwarzen Fräcken und mit einem Kranz auf, die ein Lied lallen, in die Trauergemeinde hineintaumeln, sich wieder entfernen und in ihrer Trunkenheit, mehr stolpernd als gehend, Kreuze umwerfen. Ein schmutziger Kranz, der von den Betrunkenen geworfen wurde, liegt auf dem Sarg. Auf der Kranzschleife steht: „Unserem lieben Doktor Prantl" (S. 61). Der Regen steigert sich zum Sturm und lässt die Trauergemeinde die Flucht ergreifen.

Schmieds Beerdigung

Jon Voight als Tschanz und Jacqueline Bisset als Anna in der Verfilmung *Der Richter und sein Henker*, BRD/IT 1975 © Cinetext

Elftes Kapitel (S. 63–72)

Lutz macht seinem Ärger über Gastmann Luft und klärt Bärlach auf, dass Schmied unter dem Namen Prantl bei Gastmann verkehrt habe, die beiden Betrunkenen mit dem Kranz also wohl von Gastmann kämen. Bärlach sieht darin eine Warnung. Er lässt sich von Blatter nach Hause fahren, nachdem er sich von Lutz getrennt hat, ohne dass dieser mit ihm über Gastmann und von Schwendis Auftritt gesprochen hat. In der Halle seines Hauses wartet hinter seinem Schreibtisch ein Mann auf Bärlach. Es handelt sich um Gastmann, der in den Unterlagen Schmieds blättert. Es stellt sich heraus, dass sich Bärlach und Gastmann, wie er sich jetzt nennt, schon sehr lange kennen und dass Bärlach gewusst hat, dass Gastmann unter diesem Namen in Lamboing lebt. Deshalb hat er Schmied unter dem Namen Prantl zu ihm geschickt. Bärlach sagt, dass es ihm gelingen werde, Gastmann seine Verbrechen nachzuweisen, worauf dieser antwortet, dass er nur noch wenig Zeit habe, da Bärlach selbst, wenn er sich jetzt operieren lasse, nur noch ein Jahr zu leben habe. In dem Gespräch zwischen Gastmann und Bärlach wird ihre gemeinsame Vorgeschichte enthüllt: Als junge Männer hatten sie sich vor über vierzig Jahren in einer Schenke am Bosporus kennengelernt und Freundschaft geschlossen. Bärlach war damals ein Polizeifachmann in türkischen Diensten gewesen, Gastmann ein Herumtreiber und Abenteurer. Angefeuert vom Alkohol hatten sie sich in eine Wette verstrickt, die dem Beweis zweier gegensätzlicher Thesen dienen sollte. Bärlachs These war es gewesen, dass die menschliche Unzulänglichkeit und der Zufall ein Verbrechen zu Tage fördern müssten, Gastmanns These war es gewesen, dass gerade die Verworrenheit der menschlichen Beziehungen es möglich mache, Verbrechen zu begehen, die nicht erkannt würden. Gastmann sagt, dass Bärlach nicht damit gerechnet habe, dass er, Gastmann, versuchen würde, seine These in der

Gastmann besucht Bärlach

Die Vorgeschichte zwischen Bärlach und Gastmann

4 REZEPTIONS-GESCHICHTE	5 MATERIALIEN	6 PRÜFUNGS-AUFGABEN

3.2 Inhaltsangabe

Praxis zu beweisen, was er aber getan habe, indem er drei Tage
nach ihrer Wette im Beisein Bärlachs einen deutschen Kaufmann
von einer Brücke gestoßen hätte. Bärlach hätte Gastmann das Verbrechen nicht nachweisen können, das Gericht hätte auf Selbstmord plädiert, da der Kaufmann vor dem Konkurs gestanden und
einen Betrug begangen hätte. Von da an, so Gastmann, sei er ein
immer besserer Verbrecher, Bärlach ein immer besserer Kriminalist geworden, ohne dass Bärlach ihn jedoch habe fassen können.
So wie Bärlach nach Bern zurückgekommen ist, so ist auch Gastmann nach Lamboing zurückgekehrt, wo er einst geboren wurde.
Mit dem Schlangenmesser wirft Gastmann nach Bärlach, der sich
in seinem Sessel nicht bewegt. Das Messer streift seine Wange
und bohrt sich in den Lehnstuhl. Gastmann nimmt die Mappe mit
Dokumenten an sich und fragt Bärlach, ob er nicht auf ihn schie-
ßen wolle. Bärlach verneint, da er ja wisse, dass Gastmann die
Munition herausgenommen habe. Als Gastmann das Haus bereits
verlassen hat, ergreift Bärlach die Waffe, sieht, dass sie geladen
ist und stürzt vor das Haus. Die Straße ist leer. Bärlach wird vom
Schmerz übermannt, kriecht und wälzt sich auf dem Boden herum,
wo er mit den Worten: „Was ist der Mensch?" (S. 72) liegen bleibt.

Zwölftes Kapitel (S. 73–75)

Bärlach erholt sich wieder und sucht Dr. Lutz auf. Wider Erwar-
ten macht er Lutz keine Vorwürfe, als dieser ihm vom Gespräch
mit von Schwendi berichtet. Der Auffassung von Lutz, Gastmann
könne unmöglich als Mörder in Betracht kommen, stimmt Bärlach
zu. Lutz trägt Informationen über die Biografie Gastmanns vor und
teilt Bärlach mit, dass noch Erkundigungen über Gastmanns Per-
sonal eingeholt würden. Als Lutz einen Verdacht gegen Schmied
äußert, zeigt Bärlach keine Reaktion, bittet Lutz beim Gehen aber
um eine Woche Krankenurlaub, die ihm dieser gewährt.

Gespräch mit
dem Unter-
suchungsrichter

| 1 SCHNELLÜBERSICHT | 2 FRIEDRICH DÜRRENMATT: LEBEN UND WERK | 3 TEXTANALYSE UND -INTERPRETATION |

3.2 Inhaltsangabe

Tschanz wartet in Bärlachs Büro, um mit ihm zu Gastmann zu fahren. Bärlach aber bestimmt, dass sie den Schriftsteller aufsuchen. Im Hof steht der blaue Mercedes, und es stellt sich heraus, dass Tschanz ihn erworben hat. Auf der Fahrt, wieder über Ins führend, fragt Tschanz nach der Mappe aus Schmieds Zimmer. Bärlach antwortet, die Mappe habe nur Privatsachen enthalten, nichts von Bedeutung.

Besuch beim Schriftsteller

Dreizehntes Kapitel (S. 76–83)

Der Schriftsteller zeigt sich nicht darüber begeistert, dass die Polizisten ihn aufsuchen, lässt aber dann seine Enttäuschung merken, als Bärlach ihm sagt, dass er nicht verdächtigt werde, weil er sein Alibi längst habe überprüfen lassen. Auf die Frage, warum er des Öfteren bei Gastmann verkehre, antwortet der Schriftsteller, Gastmann sei ein interessanter Mensch. Er schwärmt von Gastmanns Kochkünsten, und es entspinnt sich ein Gespräch zwischen dem Schriftsteller und Bärlach über die Kochkünste verschiedenster Nationen. Als nach einer Dreiviertelstunde eine Pause entsteht, fragt Tschanz in die Stille hinein, ob Gastmann Schmied getötet habe. Mit einem gewissen Unwillen über die Direktheit von Tschanz gibt der Schriftsteller Auskunft über den Ablauf des Abends; aus seiner Schilderung der zeitlichen Abläufe ergibt sich ein eindeutiges Alibi für Gastmann. Tschanz fragt nach dem Charakter Gastmanns, woraufhin der Schriftsteller Gastmann als einen schlechten Menschen bezeichnet und dies als Grund angibt, warum er ihn so oft besuche. Auf das Unverständnis hin, das Tschanz zeigt, sagt der Schriftsteller, auch er sei eine Art Polizist, der den Menschen auf die Finger sehe. Bärlach kritisiert Tschanz wegen seiner Fragen, will dann aber von dem Schriftsteller wissen, ob er Gastmann für fähig halte, einen Mord zu begehen. Der Schriftsteller antwortet, dass er Gastmann jedes Verbrechen zutrauen würde,

44   FRIEDRICH DÜRRENMATT

dass er aber auf keinen Fall der Mörder Schmieds sei. Er sei von Gastmann fasziniert, weil dieser der personifizierte Nihilismus sei; er tue das Gute wie das Böse aus einer Laune heraus, die vom Zufall bestimmt sei. Man könne sich als Spiegelbild Gastmanns einen Menschen vorstellen, der ein Verbrecher wäre, weil das Böse seine Philosophie wäre, und der das Böse täte wie „ein anderer aus Einsicht das Gute" (S. 82). Bei Gastmann, so der Schriftsteller, sei das Böse nicht Ausdruck einer Philosophie, sondern „der Freiheit des Nichts" (ebd.). Bärlach weist darauf hin, dass er es mit dem Gastmann zu tun habe, der Gesellschaften gäbe und nach dessen Besuch ein Polizist sein Leben verloren habe.

Vierzehntes Kapitel (S. 84–87)

Bärlach und Tschanz verlassen den Schriftsteller; Tschanz will Gastmann aufsuchen, doch Bärlach gibt ihm die Anweisung, nach Bern zu fahren. Tschanz hält den Wagen an und sagt, es sei logisch, Gastmann und dessen Diener zu verhören. Als er von Bärlach darauf hingewiesen wird, dass Lutz die Angelegenheit dem Bundesanwalt übergeben wolle, erhebt Tschanz den Vorwurf, Lutz sabotiere die Untersuchung aus politischer Rücksichtnahme. Bärlach aber sagt, das Geheimnis liege bei Schmied und nicht bei Gastmann. Tschanz ereifert sich nunmehr, besteht darauf, Gastmann und seine Diener zu vernehmen, und sagt, er halte Gastmann für den Mörder, zumindest aber für den Auftraggeber des Mordes. Als Bärlach ihm widerspricht, regt sich Tschanz auf, sagt, man habe ihn immer übergangen, weil Schmied die bessere Ausbildung gehabt habe, und jetzt, wo er eine Chance sehe, sein Können unter Beweis zu stellen, solle ihm diese Möglichkeit genommen werden. Er fordert Bärlach auf, noch einmal mit Lutz zu reden, was dieser jedoch ablehnt. Totenblass und zitternd sitzt Tschanz am Steuer. Bärlach fragt ihn nach einer Pension, in der er

Tschanz gibt vor, Gastmann zu verdächtigen

den Urlaub verbracht hat, und teilt ihm dann mit, er wolle morgen dorthin fahren, da er Krankenurlaub genommen habe.

Fünfzehntes Kapitel (S. 88–90)

Bärlach bei seinem Arzt

Bärlach sucht seinen Arzt Dr. Hungertobel auf. Von ihm erfährt er, dass einmal dessen Schreibtisch durchsucht worden sei und Bärlachs Krankenakte obenauf gelegen habe. Bärlach wird klar, dass Gastmann sich sein Wissen über Bärlachs Krankheit durch die Einsicht in seine Akte geholt hat. Aus dem Fenster blickend, sieht Bärlach Tschanz, wie er ein blondes Mädchen, das seinem Mercedes entsteigt, in ein italienisches Restaurant führt. Hungertobel sagt, er müsse Bärlach innerhalb der nächsten drei Tage operieren. Auf die Frage Bärlachs hin bestätigt er diesem, dass Bärlach selbst bei geglückter Operation nur noch ein Jahr zu leben habe.

Sechzehntes Kapitel (S. 91–95)

Bärlach wird angegriffen

Gegen zwei Uhr nachts wird Bärlach wach und merkt, dass jemand in sein Haus eingedrungen ist. Der Unbekannte führt einen Kurzschluss im Haus herbei. Bärlach sieht im Licht der Taschenlampe des Eindringlings, wie dessen Hand, die in einem braunen Handschuh steckt, sich um das Schlangenmesser schließt. Bärlach, der seinen Revolver ergriffen hat, merkt an einem Luftzug, dass der Unbekannte, der gekommen ist, um ihn zu töten, sich in seinem Schlafzimmer befindet. Bärlach schießt dreimal in Richtung auf das Fenster, lässt sich dann fallen. Das Messer zischt über ihm hinweg in die Wand. Der Eindringling flieht.

Siebzehntes Kapitel (S. 96–100)

Tschanz und Bärlach rekonstruieren den Überfall

Bärlach beordert Tschanz telefonisch zu sich. Tschanz erscheint, den Schlafanzug noch unter dem Wintermantel. Tschanz rekonstruiert mit Bärlach den Hergang des Vorfalls und fragt Bärlach, ob er den Täter erkannt habe. Dieser verneint, sagt aber, dass er mit Sicherheit wisse, wer der Täter gewesen sei. Tschanz steht Bärlach, der auf seinem Diwan liegt, gegenüber und betrachtet den alten Mann; das Schlangenmesser hält er in der Hand. Schließlich bietet er Bärlach an, bei ihm zu wachen, doch dieser lehnt ab. Tschanz verlässt Bärlach, dreht dann noch einmal um, findet die Haustüre jetzt aber verschlossen vor. Am anderen Morgen bestellt sich Bärlach ein Taxi, das ihn zum Bahnhof bringen soll. Der Wagen fährt vor, Bärlach steigt ein und merkt erst dann, dass Gastmann darin sitzt. Seine Hände stecken in braunen Lederhandschuhen. Gastmann fordert Bärlach auf, seine Niederlage einzusehen und das Spiel gegen ihn verloren zu geben. Bärlach aber sagt, das Spiel könne nicht aufgegeben werden, weil Gastmann damals in der Türkei schuldig geworden sei, weil er die Wette angeboten, und er selbst, weil er sie angenommen habe. Auf die Frage Gastmanns, ob Bärlach glaube, dass er der Mörder Schmieds sei, sagt Bärlach, dass er das nie angenommen habe. Gastmann lässt Bärlach aus dem Auto mit dem Hinweis, er werde ihn töten, falls er die Operation überlebe. Bärlach aber antwortet, dass er Gastmanns Richter sei und ihn zum Tode verurteilt habe. Noch heute werde der Henker, den er ausersehen habe, erscheinen, um Gastmann zu töten. Das Wort „Narr", das der verwunderte Gastmann Bärlach hinterherruft, hört dieser schon nicht mehr, da er im Menschengewühl des Bahnhofs verschwindet.

Gastmann mit Bärlach im Taxi

Achtzehntes Kapitel (S. 101–105)

Tschanz wartet vor der Kirche auf Anna, die Verlobte Schmieds. Er verspricht ihr, noch heute Schmieds Mörder zu stellen, und knüpft daran die Frage, ob sie wohl auch seine Braut werden könnte. Nach ihrer Zusage trennen sie sich. Tschanz fährt mit dem Wagen nach Ligerz, von dort aus geht er zu Fuß nach Lamboing.

| 1 SCHNELLÜBERSICHT | 2 FRIEDRICH DÜRRENMATT: LEBEN UND WERK | 3 TEXTANALYSE UND -INTERPRETATION |

3.2 Inhaltsangabe

Tschanz tötet Gastmann

Durch das geöffnete Tor der Villa Gastmanns betritt er das Gelände, geht in das Haus, wo er in einer Halle auf Gastmann und seine zwei Diener trifft, die sich zu einer Reise bereit gemacht haben. Einer der Begleiter Gastmanns zieht eine Waffe, schießt auf Tschanz und verletzt ihn an der linken Achsel. Tschanz zieht nun ebenfalls seine Waffe und schießt dreimal in das „Lachen Gastmanns hinein" (S. 105).

Neunzehntes Kapitel (S. 106–109)

Die Polizei in Gastmanns Villa

Die durch Tschanz telefonisch verständigte Polizei trifft ein und findet den blutenden Tschanz, bei drei Leichen liegend, vor. Jeder der drei Getöteten hat einen Revolver, einer der Diener hält seinen noch umklammert. Tschanz, am linken Unterarm ein weiteres Mal getroffen und zweimal in eine Ohnmacht fallend, wird abtransportiert.

Am nächsten Morgen stehen Lutz und von Schwendi vor den Leichen Gastmanns und seiner Diener. Lutz hat über Nacht die Aufzeichnungen Gastmanns studiert und bezeichnet ihn nun als Verbrecher und Mörder Schmieds, denn, so Lutz, Schmied sei, das habe eine Untersuchung ergeben, mit der Waffe getötet worden, die einer der Diener Gastmanns in der Hand gehalten habe. Als Bärlach eintrifft, sagt Lutz, Tschanz habe den Fall gelöst, er habe aus Notwehr gehandelt, er werde Tschanz befördern und den Fall Schmied als abgeschlossen betrachten. Als Bärlach schweigt, lassen Lutz und von Schwendi ihn allein zurück. Bärlach betrachtet die Leiche Gastmanns, den er sein Leben lang gejagt hat.

Zwanzigstes Kapitel (S. 110–117)

Tschanz zum Abendessen bei Bärlach

Am Abend besucht Tschanz auf Bärlachs dringende Bitte hin diesen in seiner Wohnung. Zu seiner Verwunderung öffnet ihm ein Dienstmädchen die Tür. An einem festlich gedeckten Tisch wartet Bärlach auf Tschanz und sagt ihm, dass der Sieg mit einem Essen gefeiert werden solle. Gang um Gang lässt Bärlach auftragen, riesige Portionen verschlingend und dazu Wein und Champagner trinkend. Tschanz sagt schließlich, Bärlach sei nicht krank. Und als dieser seine Vermutung bestätigt, sieht sich Tschanz in eine Falle gelockt. Bärlach sagt ihm, dass er wisse, dass Tschanz Schmieds Mörder sei, und Tschanz gesteht ihm, dass er immer geahnt habe, dass Bärlach es wisse. Bärlach erklärt nun, dass Tschanz einem Diener Gastmanns seinen eigenen Revolver in die Hand gedrückt habe; den Beweis habe Tschanz geliefert, als er ihm das Leben gerettet habe, denn die Revolverkugel, mit der der Hund getötet worden sei, stamme aus derselben Waffe, mit der auch Schmied getötet worden sei. Er sei auf den Angriff des Hundes vorbereitet gewesen und habe Tschanz eine Falle gestellt. Dieser, so Bärlach, habe ihm aber selbst den ersten Beweis geliefert mit der Komödie um den „blauen Charon". Durch Telefongespräche habe er herausgefunden, dass Schmied am Abend seines Todes den anderen Weg genommen habe, Tschanz aber habe sich den blauen Mercedes der Pension Eiger ausgeliehen, um sein Täuschungsmanöver durchzuführen. Tschanz habe, so Bärlach, aus Eifersucht gehandelt. Als ihm durch Zufall die Mappe mit Schmieds Dokumenten in die Hände geraten sei, habe er beschlossen, Schmied zu töten, um dessen Platz einzunehmen. Tschanz muss erkennen, dass Bärlach ihn als Henker eingesetzt hat, um Gastmann zu richten, dass er ihn in die verzweifelte Situation getrieben hat, um ihn als Werkzeug seiner eigenen Rache einzusetzen. Bärlach bestätigt Tschanz auch, dass er von Anfang an wusste, dass Tschanz der nächtliche Eindringling gewesen ist, gekommen, um nach der Mappe Schmieds zu suchen. Als Tschanz mit der Hand eine Bewegung zu seiner Rocktasche macht, weist Bärlach ihn darauf hin, dass es keinen Zweck habe, ihn zu töten, da Lutz wisse, dass Tschanz sein Gast sei und auch Zeugen im Hause seien. Bärlach fordert Tschanz auf

Bärlach überführt
Schmieds Mörder

zu gehen, da er ihn nicht mehr sehen wolle und es ausreiche, dass er einen gerichtet habe. Er werde ihn nicht verraten.

Einundzwanzigstes Kapitel (S. 118)

Bärlach erfährt von Tschanz' Selbstmord

Nach durchwachter Nacht erfährt der todkranke Kommissar von Lutz, Tschanz sei zwischen Ligerz und Twann unter seinem von einem Zug erfassten Wagen tot aufgefunden worden. Bärlach lässt Hungertobel rufen, um die Operation durchzuführen. Bärlach bleibt noch ein Lebensjahr.

3.3 Aufbau

ZUSAMMEN-FASSUNG

→ Die 21 Kapitel des Romans können zu vier Erzählphasen gruppiert werden und weisen vier Spannungshöhepunkte auf.

→ Der Handlungskern dreht sich um die Aufklärung des Mordes an Schmied, einem Mitarbeiter Bärlachs. Die erzählte Zeit umfasst wenige Tage im November.

→ Die zweite Handlungsebene greift etwa vierzig Jahre zurück (Wette Gastmann-Bärlach), ist aber mit der Gegenwart (Handlungskern) verzahnt (Bärlachs Jagd auf Gastmann).

→ Der Handlungskern spielt in der Landschaft am Bieler See und in Bern.

→ Den Roman durchziehen metaphorische Ebenen, Bilder und Symbole.

→ Zentrale Motive sind etwa: die Wette, der Zufall, die Jagd, das Essen.

Erzählstruktur und Spannungsbogen

Der in 21 unterschiedlich lange Kapitel eingeteilte Roman hält sich insgesamt durchaus an die konventionelle Erzählstruktur von Kriminalromanen bzw. Detektivgeschichten.

Die „story" wird mit dem Fund einer Leiche eröffnet; der Detektiv tritt auf den Plan; die Suche nach dem Täter beginnt. Das Detektorische als Grundelement hat Dürrenmatts Krimi auch mit dem *Ödipus* des Sophokles gemeinsam, dem, wie der Philosoph Ernst Bloch es einmal formuliert hat, „Urstoff des Detektorischen schlechthin"[13]:

Ödipus als Ur-Krimi

---

13 Zitiert nach: Vogt, Bd. II, S. 335 (Hervorhebung im Original).

1 SCHNELLÜBERSICHT	2 FRIEDRICH DÜRRENMATT: LEBEN UND WERK	3 TEXTANALYSE UND -INTERPRETATION

3.3   Aufbau

Krimi-Elemente bei Dürrenmatt

→ Indizien werden gesammelt: In der Folge der Aufklärung und der Entwicklung der Naturwissenschaften ersetzt das Indizienverfahren die Folter (Bärlach sagt zu Tschanz: „Nun, ich muß warten, bis die Indizien zum Vorschein gekommen sind", S. 22).

→ Verhöre werden durchgeführt.

→ Alibis werden gegeben und überprüft.

→ Falsche Spuren werden gelegt.

→ Nicht immer bekommt der Leser alle Informationen (erst im zwanzigsten Kapitel werden in Dürrenmatts Roman bestimmte Informationen geliefert).

→ Am Ende wird ein Täter präsentiert, seine Motive werden offengelegt, die Beweislast überführt ihn.

Variationen des Schemas: Erzählphasen und Spannungshöhepunkte

Wenn sich Dürrenmatt auch an dieses Muster hält, so variiert er es doch zugleich, denn die Chronologie der Ereignisse wird mehrfach unterbrochen, sodass der Spannungsbogen retardierende Elemente (Verzögerungen) aufweist. In Dürrenmatts Roman lassen sich eine Exposition, drei Erzählphasen, zwei Zwischenspiele und eine Schlussphase unterscheiden.[14]

Aufbau

→ Die **Exposition** umfasst die Kapitel 1–3, präsentiert die Leiche und das Polizeipersonal.

→ **Die erste Erzählphase** umgreift die Kapitel 4–7 und zeigt die Aufnahme der Ermittlungen. Ein **erster Spannungshöhepunkt** ist im Angriff des Bluthundes auf Bärlach zu sehen.

→ Ein **erstes Zwischenspiel** (Kapitel 8–10) ergibt sich durch den Auftritt von Schwendis, der Lutz unter Druck setzt. Mit der Szene beim Begräbnis werden groteske und satirische Elemente in den Roman geholt. Gastmann ist bisher noch

---

14   Vgl. Pasche, S. 30–32; Knapp S. 20–24.

3.3 Aufbau

nicht aufgetreten, aber mehrfach Gegenstand von Gesprächen
gewesen, sodass seine Bedeutung für die Handlung schon vor
seinem ersten Auftritt deutlich geworden ist.

→ Die **zweite Erzählphase** (Kapitel 11–12) bildet den Mittelpunkt des Romans, nicht nur, weil die beiden Kapitel in der
Mitte des Romans liegen, sondern weil Gastmann und Bärlach
hier aufeinandertreffen, die vor dem Einsetzen des Kriminalfalls „Schmied" liegenden Handlungsvoraussetzungen in den
Roman geholt werden (die vier Jahrzehnte zurückliegende
Wette) und der Roman seine „philosophische" Dimension eröffnet. Es wird deutlich, dass es um mehr geht als nur um die
Aufklärung eines Mordfalls. Die Konfrontation zwischen Bärlach und Gastmann stellt den **zweiten Spannungshöhepunkt**
dar. Bärlach bricht physisch und psychisch zusammen.

Eröffnung der
philosophischen
Dimension

→ Im **zweiten Zwischenspiel** (Kapitel 13–15) werden durch das
Gespräch mit dem Schriftsteller erneut philosophisch-ethische
Aspekte aufgegriffen (retardierende Momente), der Ehrgeiz
von Tschanz wird deutlich, und eine Dramatisierung ergibt
sich durch die Tatsache, dass Bärlach dringend operiert werden muss und nur noch ein Jahr zu leben hat.

→ Am Beginn der **dritten Erzählphase** (Kapitel 16–18) steht das
dramatische Geschehen beim nächtlichen Mordanschlag auf
Bärlach **(dritter Spannungshöhepunkt)**. Es folgt die „Entfüh-
rung" Bärlachs durch Gastmann bei der Fahrt zum Bahnhof
und die Drohung Gastmanns, Bärlach zu töten. Bärlach sei-
nerseits kündigt Gastmann den Henker an, der ihn töten wird
(vierter Spannungshöhepunkt).

→ Dass es sich bei dem Henker um Tschanz handelt, wird durch
das folgende Kapitel deutlich. Die **Schlussphase** (Kapitel 19–
21) vollzieht sich in drei Schritten. Zunächst scheint es noch
so, als sei Gastmann der Mörder Schmieds bzw. der Auftrag-

Auflösung

geber des Mordes; diese Fehlannahme des Untersuchungs-
richters Lutz wird dann im zwanzigsten Kapitel korrigiert; hier
löst Bärlach das Rätsel, fügt alle Teile des Puzzles zusammen,
bleibt ganz in der Spur einer traditionellen Lösung, um sie
zugleich dadurch zu verlassen, dass er den überführten Täter
nicht der Justiz übergibt, sondern ausdrücklich von seiner
weiteren Verfolgung absieht. Im dritten Schlusskapitel, einem
Nachspiel, rückt Bärlachs Krankheit in den Vordergrund. Dass
Tschanz den Tod gefunden hat, erscheint nahezu als neben-
sächlich.

ERZÄHLPHASEN/KAPITEL

	Exposition Kap. 1–3 ↓	——— 1. Handlungs- ebene (Kap. 1–10)
	1. Erzählphase Kap. 4–7 ↓	**1. Spannungshöhepunkt:** Angriff des Hundes (7)
Retardierende Momente Lutz/Schwendi/ Begräbnis	1. Zwischenspiel Kap. 8–10 ↓	
	2. Erzählphase Kap. 11–12 ↓	**2. Spannungshöhepunkt:** ——— Zentrum Konfrontation Bärlach/ des Romans Gastmann, Aufdeckung der Vorgeschichte, Zusammen- Einsetzen der bruch Bärlachs (11) 2. Handlungs- ebene
Retardierende Momente: Gespräch mit dem Schriftsteller	2. Zwischenspiel Kap. 13–15 ↓	
	3. Erzählphase Kap. 16–18 ↓	**3./4. Spannungshöhepunkt:** Der nächtliche Zweikampf (16)/ Ankündigung des Henkers (17)
	Schlussphase Kap. 19–21	

| 4 REZEPTIONS-GESCHICHTE | 5 MATERIALIEN | 6 PRÜFUNGS-AUFGABEN |

3.3   Aufbau

Löst man sich bei der Betrachtung des Romans von der Abfolge der Kapitel, so wird deutlich, dass es in *Der Richter und sein Henker* im Grunde zwei Handlungsebenen bzw. Handlungsstränge gibt, die über die Figuren Bärlach und Gastmann miteinander verbunden sind.

Zwei Handlungsebenen

Die erste Handlungsebene, mit dem ersten Kapitel einsetzend, ist die der kriminalistischen Untersuchung des Falles Schmied. Sie ist ausschließlich in der „Jetzt-Zeit" (für den Roman der November 1948) angesiedelt. Diese Handlungsebene wird linear-sukzessiv entfaltet, folgt der Chronologie (sie beginnt mit dem Fund der Leiche und endet mit der Überführung des Mörders) und löst somit das Rätsel (wer hat was wann wie warum getan?). Im Zentrum des Romans (zweite Erzählphase) wird die zweite Handlungsebene eingeführt.

Das **Gespräch zwischen Gastmann und Bärlach** (11. Kapitel) retardiert die Handlung auf der ersten Erzählebene, öffnet aber den Blick auf die zweite Erzählebene, deren Voraussetzungen vierzig Jahre zurückliegen. Auf dieser Ebene sind Bärlach und Gastmann in schuldhafter Verstrickung aneinandergekettet, weil Gastmann die Wette vorgeschlagen und Bärlach sie angenommen hat (siehe die Aussage Bärlachs, S. 99). Hier stehen sich der „immer bessere Kriminalist" und der „immer bessere Verbrecher" gegenüber (S. 69). In den nachfolgenden Kapiteln sind beide Ebenen miteinander verbunden, werden aber auf unterschiedliche Weise und in unterschiedlicher Intensität akzentuiert. So trägt das Gespräch Bärlachs mit dem Schriftsteller auf der ersten Handlungsebene dazu bei, Gastmann zu entlasten, denn durch die zeitlichen Abläufe, die der Schriftsteller benennt, erhält Gastmann ein Alibi. Im Vordergrund stehen bei dem Gespräch aber Informationen über Gastmann (die vom Schriftsteller als „Nihilismus" gekennzeichnete Lebensauffassung Gastmanns) und die Erörterung gedanklicher Entwürfe über das Gute und das Böse.

Zur Bedeutung des 11. Kapitels

DER RICHTER UND SEIN HENKER

3.3 Aufbau

Martin Ritt als Bärlach und Robert Shaw als Gastmann in der Verfilmung *Der Richter und sein Henker*, BRD/IT 1975 © Cinetext

Funktion der Tschanz-Figur

Über Tschanz werden die beiden Handlungsebenen ohne Brüche verzahnt, denn um sich selbst zu entlasten und um sein kriminalistisches Können unter Beweis zu stellen, muss er einen Mörder präsentieren (und tatsächlich will Lutz ihn befördern, die Verlobte von Schmied hat er bereits für sich gewonnen). Indem Tschanz (auf der ersten Handlungsebene) gegen Gastmann vorgeht (Indizien sammelt bzw. manipuliert) und ihn schließlich tötet, spielt er, ohne es zu wissen, das Spiel Bärlachs, der mittlerweile weiß, dass er Gastmann nur auf diesem Wege wird beikommen können (zweite Handlungsebene). Zugleich liefert Tschanz aber Bärlach auch die Beweismittel gegen sich selbst, sodass Bärlach am Ende (20. Kapitel) die Beweiskette in der Hand hat, um seinen bereits zu Beginn vorhandenen Verdacht zu erhärten. Tschanz hat somit den Auftrag Bärlachs erfüllt: „Ob sich mein Verdacht bestätigt, weiß ich nicht. (…) Sie haben Schmieds Mörder festzustellen (…) freilich im Gegensatz zu mir auf eine einwandfreie, wissenschaftliche Weise (…)." (S. 22)

3.3 Aufbau

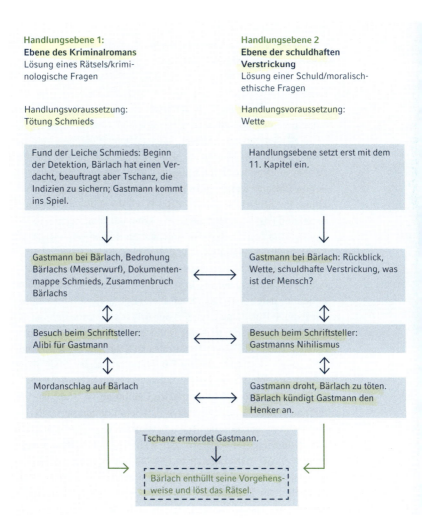

1 SCHNELLÜBERSICHT	2 FRIEDRICH DÜRRENMATT: LEBEN UND WERK	3 TEXTANALYSE UND -INTERPRETATION

3.3 Aufbau

Ort und Zeit

Seit den Krimis der **amerikanischen veristischen Literatur der 30er- und 40er-Jahre** des 20. Jahrhunderts mit ihrer schonungslosen Wiedergabe der Realität wird die Großstadt zum Revier der Detektive. Die Figuren von Dashiel Hammet, Raymond Chandler und anderer amerikanischer Autoren der „harten Schule" schlagen sich durch den Dschungel der Metropolen und ihrer Milieus.

Tatorte: landschaftliche Idylle und Bern

In Dürrenmatts *Der Richter und sein Henker* tauchen Metropolen jedoch nur als Namen auf, so etwa wenn Lutz darauf verweist, dass er in „New York und Chicago Verbrechen gesehen" hat, von denen Bärlach wohl nicht die „richtigen Vorstellungen haben" könne (S. 14), und wenn über die Biografie Bärlachs Konstantinopel und Frankfurt als Orte seiner Kriminalistentätigkeit erwähnt werden. Die Großstadt als Tatort spielt im Roman keine Rolle. Der Verbrecher Gastmann bevorzugt die ländliche Abgeschiedenheit, und der Mord an Schmied geschieht auf einer Landstraße inmitten der Natur. Dürrenmatt hat in seinem Roman den Raum gestaltet, in dem er gelebt hat. Ligerz, am Bieler See gelegen und Wohnort der Familie Dürrenmatt zur Zeit der Arbeit an *Der Richter und sein Henker*, liegt in unmittelbarer Nähe zu Lamboing, wo Gastmann residiert, und zum Tatort des Mordes an Schmied. Dieser befindet sich „dort, wo die Straße von Lamboing (eines der Tessenbergdörfer) aus dem Walde der Twannbachschlucht hervortritt" (S. 5).

Der **topografische Gegenpol zu Lamboing** ist Bern, wo Dürrenmatt von 1935 bis 1946 gelebt hat. Sein Kommissar ist Berner, und wenn er sich in seiner Stadt bewegt, so tut er das unter Nennung von Straßen und Orten. Zur Wohnung von Schmied in der Bantigerstraße geht Bärlach zu Fuß die Altstadt von Bern hinunter, überschreitet die Aare auf der Nydeggbrücke und steigt die Haspeltreppen hinauf (vgl. S. 10). Er speist in der „Schmiedstube" oder im „Du Théâtre" und macht einen Spaziergang über die Bun-

58
FRIEDRICH DÜRRENMATT

3.3 Aufbau

desterrasse zu seinem Büro (vgl. S. 13). Bärlach lebt seit 33 Jahren im Stadtteil Altenberg, in einem Haus an der Altenbergstraße, die zwischen Kornhausbrücke und Nydeggbrücke, die Tschanz überquert, um Bärlach mit dem Wagen abzuholen, parallel zum Ufer der Aare verläuft. Diese Namen fallen aber nicht nur, um dem Roman Ortskolorit zu geben, sondern sie sind auch im Zusammenhang mit der Lösung des Mordfalls wichtig. Als Tschanz Bärlach mit dem Wagen abholt, fährt er über die Nydeggbrücke zurück in die Altstadt und nicht, was von der Strecke her günstiger – eben nahe liegend – wäre, „über den Argauerstalden nach Zollikofen" (S. 25 f.) und von dort über Lyß und Biel nach Twann, sondern er entscheidet sich für die Fahrt durch die Altstadt und die Strecke über Kerzers und Erlach nach Twann, eine aus der Sicht Bärlachs „ungewöhnliche Route" (S. 26). Tschanz nimmt diese Strecke über Gümmenen, Kerzers und Erlach, um Bärlach die „Komödie mit dem ‚blauen Charon' vorzuspielen" (S. 113), die Bärlach suggerieren soll, Schmied habe in der Mordnacht diese Strecke genommen (vgl. hierzu ausführlich S. 113 f.). Vermitteln die Gänge Bärlachs durch Bern einen Eindruck von der Stadt, so sind es die Fahrten mit dem Wagen, die den Großraum des Tatortes durchmessen, zugleich aber auch eine Funktion für den Detektionsprozess haben.

Ortskolorit: funktionale Bedeutung

Neben den Großräumen gibt es aber auch die Wohnorte einzelner Figuren. Bärlach lebt seit 33 Jahren in einem Haus an der Aare; sein Lieblingsplatz scheint der Diwan (vielleicht eine Reminiszenz an seine Zeit in Konstantinopel) in der Halle zu sein, die fensterlos ist, aber einen Schreibtisch, Regale mit vielen Büchern und in jeder Wand eine Tür zu einem weiteren Zimmer aufweist. Gastmann kehrt nach Lamboing zurück, wo er geboren worden ist. Seine Weltläufigkeit widerspricht aber nicht der Einsamkeit des Ortes. Die abgeschieden gelegene Villa hat er sich durchaus auch aus funktio-

Häuser und Innenräume

| 1 SCHNELLÜBERSICHT | 2 FRIEDRICH DÜRRENMATT: LEBEN UND WERK | 3 TEXTANALYSE UND -INTERPRETATION |

3.3 Aufbau

nalen Gründen ausgesucht, denn für die Zusammenkünfte der Industriellen mit den chinesischen Politikern braucht man einen „unbekannten Ort" (S. 53). Von Gastmanns Villa bekommen wir keine **detailreichen Innenansichten**, sondern nur die Fassade zu sehen. Wie in der tiefsten Provinz weltpolitisch brisante Gespräch geführt werden, so werden hinter der Fassade von Festlichkeiten und Empfängen Geschäfte gemacht und Verbrechen geplant. Lediglich ein Innenraum wird benannt, allerdings nicht näher beschrieben: Wie Tschanz Bärlach bei seinem ersten Besuch in der Halle antrifft, so begegnet er auch Gastmann in der Halle, die das Parterre der Villa einnimmt (vgl. S. 104). Ein weiterer Wohnraum (Innenraum) spielt im Roman eine Rolle: Es ist das **Zimmer des Schriftstellers**. Wie Dürrenmatt sich in der Figur des Schriftstellers, wenngleich auch karikierend, selbst gespiegelt hat, so spiegelt der Raum des Schriftstellers Dürrenmatts Arbeitsambiente, einen niedrigen Raum voller Bücher mit einem Schreibtisch, der von Papieren übersät ist, und einem gotischen Fenster, durch das Tschanz und Bärlach in „heimtückisches Gegenlicht" getaucht werden (S. 76).[15]

Handlungsorte als Konstrasträume

Neben den von Menschen geschaffenen Räumen spielen aber auch die geschilderten Naturräume und Landschaften eine Rolle. Die Idylle der schweizerischen Landschaft (oder das Postkarten-Bild, das wir uns von ihr machen) steht im Kontrast zum Verbrechen, das in ihr geschieht. Dürrenmatt benötigt eben keinen Großstadtasphalt, um Verbrechen in Szene zu setzen.

Funktion der Wetterverhältnisse: Wettermetaphorik

Die **Naturelemente (inkl. der Wetterverhältnisse)** können in Dürrenmatts Text unterschiedliche Funktionen erfüllen. Alphons

---

15 Bei dem Haus handelt es sich nicht um Dürrenmatts eigenes Haus, sondern um das seiner Schwiegermutter, ein altes Winzerhaus in Schernelz (siehe auch Seifert, S. 54). Den Weg nach Lamboing weist der Schriftsteller Bärlach und Tschanz im 4. Kapitel bei einer abendlichen Begegnung (S. 28); in der erwähnten Häuserreihe hat das Haus von Dürrenmatts Schwiegermutter gestanden.

4 REZEPTIONS-GESCHICHTE	5 MATERIALIEN	6 PRÜFUNGS-AUFGABEN

3.3 Aufbau

Clenin, der Polizist von Twann, findet den toten Schmied im Nebel
des Spätherbstes. Hier gibt die Natur die (schon fast als klischeehaft zu bezeichnende) schauerliche Kulisse ab und verleiht der
Szenerie etwas Unwirkliches, um sodann metaphorisch überhöht
zu werden: „Der Morgen wurde finster wie der Letzte Tag." (S. 6).
Dürrenmatt bedient sich der Elemente der Gattung Krimi, um sie
gleichzeitig zu durchbrechen, denn die Handlungsweise des Polizisten Clenin ist unsachgemäß und skurril. Als die Sonne aufgeht
und den Toten bescheint, ist das Clenin „unangenehm" (S. 6), er
bindet die Leiche auf dem Beifahrersitz fest und gerät mit seinem
Wagen in eine langsam fahrende Autoschlange, sodass für Clenin
der Eindruck eines „Leichenzuges" (S. 6) entsteht. Die schauerliche Naturkulisse und die skurrile Handlungsweise des Polizisten
verbinden sich zu einem grotesken Gesamtbild.

Die Naturbeschreibungen dienen häufig dazu, die Stimmun-
gen und Gefühle einer Figur bildhaft zum Ausdruck zu bringen.
Zu Beginn des 11. Kapitels, nach dem sintflutartigen Regen bei
der Beerdigung Schmieds, weichen Sturm und Regen der Sonne, und es kommt zu einem „jagenden Spiel der Nebel und der
Wolkenberge". Bärlach wird für „Augenblicke in ein blendendes
Licht getaucht" (S. 63). Angesichts des gewaltigen Naturschau-
spiels empfindet Bärlach: „die Erde war schön" (S. 63). Auf diesen
Glücksmoment folgt die Konfrontation mit Gastmann, an deren
Ende Bärlach physisch und psychisch zusammenbricht; als er sich
wieder von diesem Zusammenbruch erholt hat, heißt es: „Bärlach
schaute in die reingewaschenen Felder hinein. Es war alles in hel-
les, ruhiges Licht getaucht. Eine warme, sanfte Sonne hing am
Himmel (…)." (S. 75)

Hier spiegelt die Natur den Seelenzustand Bärlachs, der nach
der Konfrontation mit Gastmann zu seiner inneren Ruhe gefunden
hat, weil er bereits Gewissheit hat, dass er den Weg der krimi-

Natur als
Seelenlandschaft

| 1 SCHNELLÜBERSICHT | 2 FRIEDRICH DÜRRENMATT: LEBEN UND WERK | 3 TEXTANALYSE UND -INTERPRETATION |

3.3 Aufbau

nalistischen Überführung Gastmanns nicht gehen kann und wird; deshalb reagiert er auch so gelassen, als Lutz die weitere Untersuchung in Richtung Gastmann untersagt (12. Kapitel).

Natur als Gleichnis für das Leben

Aus der Perspektive Bärlachs wird an einer anderen Stelle die Natur zum Gleichnis für das Leben: Während Tschanz und Bärlach noch im „Schatten" fahren, beleuchtet die „Sonne" den

> „See, die Insel, die Hügel, die Vorgebirge, die Gletscher am Horizont und die übereinandergetürmten Wolkenungetüme, dahinschwimmend in den blauen Meeren des Himmels. Unbeirrbar schaute der Alte in dieses sich unaufhörlich ändernde Wetter des Vorwinters. Immer dasselbe, dachte er, wie es sich auch ändert, immer dasselbe." (S. 84)

Hier wird auf der Ebene der Naturschilderung ein ganzer Kosmos beschrieben, ein Blick vom Kleinen (der See) bis zum Großen (der Himmel) geworfen, hier werden Nähe (die Insel) und Ferne (der Horizont) abgeschritten. Positives (Sonne) und Negatives (Schatten) existieren nebeneinander bzw. mit- und durcheinan-

Veränderung als einzige Konstante

der. Die Veränderung ist die einzige Konstante, das wechselvoll erscheinende Leben bringt stets das Gleiche zum Vorschein. Die Äußerungen Bärlachs können wohl auch so verstanden werden, dass der alte Kriminalist, neben dem Mörder Tschanz sitzend und selbst durch eine gemeinsame Geschichte mit dem Verbrecher Gastmann verbunden, weiß, dass die Lösung eines einzelnen Falls nichts daran ändert, dass das Schlechte und das Böse Bestand haben werden. Die Betonung des stets Gleichen, der Wiederholung als Konstante findet sich in einer weiteren Textpassage, in der der Erzähler die Natur bzw. Landschaft schildert und sie nicht aus der Perspektive einer Figur gesehen wird. Zu Beginn des 18. Kapitels heißt es: „Die Stadt lag da, eine weiße Muschel, das Licht aufsau-

| 4 | REZEPTIONS-GESCHICHTE | 5 MATERIALIEN | 6 PRÜFUNGS-AUFGABEN |

3.3 Aufbau

gend, in ihren Gassen verschluckend, um es nachts mit tausend Lichtern wieder auszuspeien, ein Ungeheuer, das immer neue Menschen gebar, zersetzte, begrub." (S. 101) Der **Kreislauf von Geburt, Leben und Tod** ist hier mit der Stadt verbunden, die – wie in manchen Gedichten des Expressionismus – als ein Ungeheuer gesehen wird (siehe etwa Georg Heym, *Der Gott der Stadt*).

Die Wetter- und Witterungsverhältnisse – der Wechsel von Sonne und Wolken, der Regen und der Sturm, die Nebel und die aufkommende Kühle – entsprechen der Jahreszeit, in der der Roman angesiedelt ist, nämlich im Spätherbst (Vorwinter). Die **erzählte Zeit auf der Handlungsebene 1 (Krimihandlung) umfasst wenige Tage im November**. Am Morgen des 3. November 1948 (im Roman ein Donnerstag, siehe S. 20, wo Tschanz sagt, Schmied habe sich für „Mittwoch den zweiten November ein G notiert") findet der Polizist Clenin die Leiche Schmieds, der in der Nacht vom 2. auf den 3. November ermordet worden ist.[16] Am folgenden Sonntag tötet Tschanz Gastmann („Ich habe Gastmann am Sonntagmorgen gesagt, daß ich einen schicken würde, ihn zu töten.", S. 116). Am Montagabend („Punkt acht", S. 110) erscheint Tschanz bei Bärlach zum Gastmahl, am Morgen darauf („Dienstag", S. 118) erfährt Bärlach durch Lutz, dass Tschanz tot ist. Die Sukzession der Zeit und die Zeitraffungen werden durch klare Hinweise im Text transparent gemacht, so etwa, wenn es heißt: „Noch am gleichen Morgen ging Bärlach (…)" (S. 8) oder „Wenn es auch schon gegen fünf ging (…)" (S. 15) und „Am andern Morgen erwartete der alte Kommissär (…)" (S. 45). Durch diese Hinweise wird der Handlungsaufbau in seiner zeitlichen Abfolge strukturiert, wie die folgende Übersicht deutlich macht:

Zeitangaben

Zeitliche Abfolge

---

16 Gerhard Knapp hat darauf aufmerksam gemacht, dass der 3. November 1948 in Wirklichkeit ein Mittwoch (und nicht, wie im Roman, ein Donnerstag) gewesen ist. Knapp vermutet, dass Dürrenmatt versehentlich den Kalender des Jahres 1949 benutzt hat (siehe Knapp, S. 20).

1 SCHNELLÜBERSICHT	2 FRIEDRICH DÜRRENMATT: LEBEN UND WERK	3 TEXTANALYSE UND -INTERPRETATION

3.3 Aufbau

DATUM	HANDLUNGSELEMENT	ZEITANGABE	KAPITEL	SEITE
Donnerstag, 3. November				
Morgen	Clenin findet Schmied:	*am Morgen des dritten November 1948*	1	5
	Bärlach sucht Familie Schönler auf:	*Noch am gleichen Morgen*	1	8
Mittag	Bärlach isst zu Mittag:	*aß … zu Mittag/kehrte gegen zwei Uhr …*	2	13
	Gespräch mit Lutz:		2	13
Nachmittag	Bärlachs erste Fahrt zum Tatort:	*… es gegen fünf ging …*	2	15
Freitag, 4. November				
Morgen	Erstes Gespräch mit Tschanz:	*am nächsten Morgen …*	3	18
Abend	Fahrt zu Gastmann:	*Um sieben Uhr fuhr Tschanz …*	4	24
	Gespräch im Wagen:	*… und es acht Uhr wurde …*	5	29
	Verlassen Gastmanns:	*Es ist neun Uhr …*	6	39
	Tschanz verlässt Clenin und Charnel:	*Es war zehn Uhr …*	6	42
Nacht	Bärlach und Tschanz trennen sich:	*Kurz nach elf …*	6	44
Samstag, 5. November				
Morgen	Von Schwendi bei Lutz:	*… sprach kurz nach acht vor …*	8	45
	Beerdigung Schmieds		10	57
	Begegnung Gastmann/Bärlach		11	64
Nachmittag	Gespräch Bärlach/Lutz:	*… noch diesen Nachmittag*	12	73
	Fahrt zum Schriftsteller:	*Sonne … senkte sich gegen Abend …*	12	75
Abend	Bärlach bei Hungertobel:	*Noch am selben Abend …*	15	88

| 4 | REZEPTIONS-GESCHICHTE | 5 MATERIALIEN | 6 PRÜFUNGS-AUFGABEN |

3.3 Aufbau

DATUM	HANDLUNGSELEMENT	ZEITANGABE	KAPITEL	SEITE
Sonntag, 6. November				
Nacht	Überfall auf Bärlach:	*Gegen zwei Uhr nachts ...*	16	91
	Gespräch mit Tschanz:	*Nach einer halben Stunde ...*	17	96
Morgen	Gespräch mit Gastmann:	*Bärlach erhob sich um sechs ...*	17	98
	Gespräch Tschanz/Anna:	*... wurde der Morgen ...*	18	101
Mittag	Ankunft Tschanz in Ligerz:	*Es war gegen Mittag ...*	18	102
Nachmittag	Tschanz bei Gastmann:	*nun schien die Sonne seitlich ...*	18	104
Montag, 7. November				
Morgen	Lutz, von Schwendi und Bärlach in der Leichenhalle:	*... sagte Lutz am andern Morgen*	19	106
Abend	Gastmahl:	*noch am gleichen Tag, Punkt acht, ...*	20	110
Nacht	Tschanz verlässt Bärlach:	*... verwachsend mit der Nacht ...*	20	117
Dienstag, 8. November				
Morgen	Lutz bei Bärlach:	*und als am frühen Morgen ... jetzt sei Dienstag ...*	21	118

DER RICHTER UND SEIN HENKER

| | 1 SCHNELLÜBERSICHT | 2 FRIEDRICH DÜRRENMATT: LEBEN UND WERK | 3 TEXTANALYSE UND -INTERPRETATION |

3.3 Aufbau

Die detaillierten Zeitangaben unterstützen, ebenso wie die Ortsangaben und das Nennen von Gebäude- und Straßennamen, die **Authentizität des Erzählten**, holen die Wirklichkeit in das erzählte Geschehen. Daneben haben die Zeitangaben aber auch noch eine Funktion für den Detektionsprozess. Bei der Rekonstruktion eines Verbrechens spielen die zeitlichen Abläufe eine Rolle. So erhält Gastmann durch die Zeitangaben des Schriftstellers für die Nacht der Ermordung Schmieds ein Alibi, Bärlach wiederum rekonstruiert die Geschehnisse der Mordnacht in ihren zeitlichen Abläufen.

Zeit als Faktor der Krimihandlung

Zeitangaben dienen aber auch der Dramatisierung und der Dynamisierung des Geschehens. Die Notwendigkeit, sich in spätestens drei Tagen operieren zu lassen, erhöht den zeitlichen Druck auf Bärlach; seine Ankündigung gegenüber Gastmann, er wolle ihm noch am selben Tag einen Henker schicken, steigert die Spannung.

Durch die Handlungsebene 2 (Wette Gastmann/Bärlach) greift der Roman in der **Retrospektive** weit über die wenigen Tage der Krimihandlung hinaus, denn die Vorgeschichte, die Gastmann und Bärlach verbindet, liegt vierzig Jahre zurück.

Motive und Symbole

Der Aufbau des Romans konstituiert sich nicht nur durch seine formalen Gestaltungsmittel (Kapiteleinteilung), die Entfaltung der Handlungsstränge und durch den Spannungsaufbau, sondern auch durch die Verwendung von Motiven, Motivkomplexen und Symbolen.

Zentralmotiv: Wette

Als Zentralmotiv kann die **„Wette"** gelten, die Bärlach und Gastmann seit mehr als vierzig Jahren aneinander bindet. Der Begriff „Wette" wird hier in Anführungszeichen gesetzt, weil er von den Protagonisten des Romans verwendet wird. Im Grunde handelt es sich, rein **formal gesehen**, aber gar **nicht um eine Wette**, schon

66 FRIEDRICH DÜRRENMATT

3.3 Aufbau

allein deshalb nicht, weil es gar keinen Wetteinsatz gibt, also nicht geklärt ist, was der, der die Wette gewinnt, bekommt und was der, der die Wette verliert, leisten bzw. verlieren soll. Zumindest von Bärlach aus ist die – im Zustand der Trunkenheit – erfolgte Wette auch gar nicht ernsthaft als solche angesehen worden („‚Ich dachte nicht‘, antwortete Bärlach, ‚daß diese Wette einzuhalten einem Menschen möglich wäre‘“, S. 67). Die „Wette“ ist im Grunde der Versuch, zwei gegensätzliche Thesen auf dem Wege des Experiments in der Praxis auf ihre Richtigkeit hin zu überprüfen: „Ich hielt die kühne Wette, in deiner Gegenwart ein Verbrechen zu begehen, ohne daß du imstande sein würdest, mir dieses Verbrechen beweisen zu können." (S. 67–69)

Die beiden Thesen, die durch die Wette experimentell überprüft werden sollen, stehen im Zusammenhang mit dem Begriff des Zufalls, den sowohl Bärlach als auch Gastmann als wesentliches Element ihres Weltbildes anerkennen. Zugleich reflektieren die Thesen die Grundlage allen detektivischen Arbeitens überhaupt, dessen Ziel es ist, durch Sammlung von Fakten und Indizien, Ermittlung von Motiven und Tathergängen Verbrechen aufzuklären. Bärlachs These besteht in der Annahme, dass der Zufall ein perfektes Verbrechen verhindert und der Aufklärung in die Hände spielt. Gastmann vertritt die Gegenposition: Er geht davon aus, „daß gerade die Verworrenheit der menschlichen Beziehungen es möglich mache, Verbrechen zu begehen, die *nicht* erkannt werden könnten (…)." (S. 67, Hervorhebung im Original) Der Inhalt der Wette macht deutlich, warum Bärlach und Gastmann keinen „Wettpreis" aussetzen müssen: Der Gewinn der Wette liegt in der Anerkennung einer der beiden Thesen.[17]

Thesen zur Rolle des Zufalls

―――

17 Zur Interpretation der Wette im Kontext der Schuld-Thematik siehe Kap. 3.7 dieser Erläuterung.

3.3 Aufbau

Die Wette zwischen Gastmann und Bärlach ruft jene andere Wette in Erinnerung (die mehr ein Pakt ist), die Wette zwischen Mephistopheles und Faust (Studierzimmer, Faust I, Vers 1692–1706) und jene, die Mephisto Gott vorgeschlagen hat, auf die dieser sich aber nicht einlässt (Prolog im Himmel, Faust I, Vers 312 ff.). Ein ganzes Wortfeld wird entfaltet, um diese Assoziation zu wecken: Gastmann und Bärlach trinken „verteufelte Schnäpse" (S. 65), sind von den „höllischen Bränden der Schnäpse (…) verführt" (S. 67), sie hängen ihre Wette „trotzig in den Himmel" und sind sich ihrer „Gotteslästerung" bewusst, erliegen der „teuflischen Versuchung des Geistes durch den Geist." (S. 67) Bärlach sieht in Gastmann „den Teufel in Menschengestalt" (S. 11), wird aber beim Gespräch mit Tschanz selbst von den „stillen Flammen rot beschienen" (S. 110), sein Zimmer wird zur „nächtlichen Hölle" (S. 114, siehe auch S. 116). Gegen Ende des Gesprächs erkennt Tschanz nur noch einen „unwirklichen, schwarzen Schatten" (S. 117). Dürrenmatt, das machen die Zitate deutlich, verfällt hier nicht in Schwarz-Weiß-Malerei, die das Böse Gastmann und das Gute Bärlach zuordnet. Beide erliegen gemeinsam der „teuflischen Versuchung", sie werden beide verführt.

Die Wette: (literarischer) Bezugspunkt Faust

Motiv des Spiels

Das Motiv der Wette steht in engem Zusammenhang mit dem Motiv des Spiels (im zweiten Gespräch mit Gastmann benutzt Bärlach nicht nur den Begriff Wette, sondern auch den Begriff „Spiel", vgl. S. 99). Bärlach hatte behauptet, es sei unmöglich, „mit Menschen wie mit Schachfiguren zu operieren." (S. 67) Die Paradoxie besteht aber nun darin, dass Bärlach, um Gastmann zur Stecke zu bringen, genau im Gegensatz zu seiner These handelt, denn er spielt mit Tschanz wie mit einer Schachfigur:

„‚Sie haben mit mir gespielt', sagte Tschanz langsam. ‚Ich habe mit dir gespielt', antwortete Bärlach mit furchtbarem Ernst." (S. 114)

3.3 Aufbau

Bärlachs Spiel („Tollkühn hatte der Alte noch einmal ein Spiel gewagt ...", S. 118) besteht darin, dass er Tschanz in die „äußerste Verzweiflung" (S. 116) treibt. Bärlach ist der „unerbittliche Schachspieler" (S. 114), der Tschanz so manipuliert, dass er zum Henker wird. Mit der Wette ist neben dem Spiel-Motiv auch das Jagd-Motiv verbunden, denn Bärlach wird zum Jäger Gastmanns. Gastmann wird zu einer Obsession für Bärlach: „Nur *ein* Gedanke hatte ihn jahrelang beherrscht: den zu vernichten, der nun im kahlen, grauen Raume zu seinen Füßen lag (...)." (S. 109) Schmied hetzt er auf Gastmann, „ein edles Tier auf eine wilde Bestie", (S. 116), und nach dessen Tod hetzt er Tschanz und Gastmann aufeinander „wie Tiere" (S. 116).[18]

Motiv der Jagd

Die letzte Aussprache zwischen Bärlach und Tschanz findet während des Abendessens statt. Auf die Bedeutung des Essens als Motiv im Werk Dürrenmatts ist an anderer Stelle schon hingewiesen worden (siehe Kap. 2.3 dieser Erläuterung). Das Motiv klingt erstmalig an, als auf Bärlachs Speiselokale hingewiesen wird (vgl. S. 13), wird dann aufgegriffen, als Bärlach sich mit dem Schriftsteller über Kochrezepte und unterschiedliche Gerichte unterhält. Es wird ausgestaltet im Abendessen mit Tschanz. Das Abendessen in *Der Richter und sein Henker* ist zunächst Teil der Manipulationsstrategie Bärlachs. Nachdem er Tschanz gegenüber immer wieder auf seine Krankheit und sein Alter hingewiesen hat, behauptet er nun, sich verstellt zu haben und nie krank gewesen zu sein (womit Bärlach die Wahrheit als Verstellung ausgibt und die Lüge als Wahrheit). Dies führt zur Verunsicherung von Tschanz, dem kalter Schweiß aus den Poren bricht und der begreift, dass er in eine

Motiv des Essens

---

18 Die unterschiedliche Wertschätzung Bärlachs für Schmied und Gastmann drückt sich in der Wortwahl aus: Schmied ist ein „edles Tier", Gastmann aber eine „Bestie" (S. 116).

3.3   Aufbau

Falle gegangen ist (vgl. S. 112). Beim Essen, dessen Speisefolge detailliert geschildert wird, mutiert Bärlach vom Gourmet zum Gourmand, schaufelt Unmengen unterschiedlichster Speisen, aufgetürmt zu Riesenportionen, in sich hinein.

Eine groteske Szenerie

Das Essen wird zu einer grotesken Szenerie ausgeweitet, in der Bärlach zum „Dämon" wird und seine Gestalt sich „zweimal vergrößert" in „wilden Schatten" an der Wand abzeichnet. Seine Bewegungen und das Senken des Kopfes erscheinen wie der „Tanz eines triumphierenden Negerhäuptlings", und das ganze Mahl ist ein einziges „unheimliches Schauspiel" (S. 111).

Dieses Abendessen, dessen kommunikatives Moment darin besteht, dass Bärlach, ganz im Stile eines klassischen Detektivromans, das Rätsel auflöst und seinem Gesprächspartner Tschanz (damit auch dem Leser) alle notwendigen Informationen vermittelt, wird für Tschanz in dem Sinne zur Henkersmahlzeit, dass Tschanz, den Bärlach zum Henker gemacht hat, seine letzte Mahlzeit vorgesetzt bekommt.

Das Symbol der Schlange

Neben diesen Motiven soll noch auf ein Symbol hingewiesen werden, nämlich das mit Bärlachs Messer verbundene Symbol der Schlange. Nun ist die Schlange in unterschiedlichen kulturellen Kontexten Träger für recht unterschiedliche Bedeutungen. So ziert sie den Stab des Äskulap, war auch Athene zugeordnet und galt in Ägypten als heilig. Im Zusammenhang mit der Vertreibung aus dem Paradies tritt sie als listige Verführerin auf, gleichwohl hat sie auch hier ambivalenten Charakter: Die Vertreibung aus dem Paradies ist immerhin damit verbunden, dass Adam und Eva zu einem Bewusstsein (ihrer selbst) kommen, essen sie doch die verbotene Frucht vom Baum der Erkenntnis. Das Schlangenmesser ist in diesem Zusammenhang als mehrdeutiges Symbol zu interpretieren. Bärlach hat es aus der Türkei mitgebracht; es erinnert ihn, auf dem Schreibtisch liegend, somit an eine Phase seines Lebens und zu-

Verführung, Erinnerung, Bedrohung, Klugheit

3.3 Aufbau

gleich an die Versuchung, der er erlegen ist. Das Messer erinnert ihn somit auch ständig daran, dass er Gastmann noch nicht besiegt hat. Zugleich ist es aber auch ein Objekt der Bedrohung: Gastmann wirft mit dem Messer nach Bärlach, Tschanz ebenfalls. Als Bärlach ihn (nach dem Überfall) in der Nacht zu sich bestellt, hat Tschanz das Schlangenmesser in der Hand, wägt ab, ob er Bärlach damit töten soll. Bärlach selbst gehört zu denen, die Schlangen positive Assoziationen zuordnen: „Seid klug wie die Schlangen" (S. 25). Bärlach ist nicht nur klug, er ist vor allem listig.

3.4 Personenkonstellation und Charakteristiken

3.4 Personenkonstellation und Charakteristiken

**ZUSAMMEN-
FASSUNG**

Mittelpunktfigur des Romans ist Kommissar Bärlach, der in Gastmann seinen Gegenspieler hat. Als weitere Hauptperson ist Tschanz zu nennen, der Mitarbeiter Bärlachs und Mörder Schmieds ist. Wir stellen diese drei Figuren ausführlich vor, geben aber auch Hinweise zu weiteren Figuren.

Kommissar Bärlach:
→ Der zur Zeit der Handlung 60-jährige Kommissar verhält sich unkonventionell,
→ ist magenkrank und lebt in Bern,
→ manipuliert seinen Mitarbeiter Tschanz und
→ hat durch eine Wette mit Gastmann Schuld auf sich geladen.

Gastmann:
→ ist ein erfolgreicher und angesehener Geschäftsmann und Großverbrecher,
→ begeht als Nihilist aus Launen heraus Gutes und Böses.

Tschanz:
→ ist karrieresüchtig,
→ ist der Mörder Schmieds und wird zu Bärlachs Henker an Schmied,
→ wird zum Mörder Gastmanns, um von seinem Mord an Schmied abzulenken.

Für Detektivroman
ungewöhnliche
Konstellation

Dürrenmatts *Der Richter und sein Henker* entspricht bei der Konstellation und der Charakterzeichnung nicht den gängigen Klischees der Gattung, die dem positiv besetzten Protagonisten, dem Detektiv, eine eindeutige Negativ-Figur als Antagonist gegenüberstellen. Bärlach erweist sich durchaus als widersprüchlicher (gemischter) Charakter; mit Tschanz ist ihm ein Mörder an die Seite gestellt, der aus den Reihen der Polizei kommt, und dem Verbrecher Gastmann hat Bärlach am Ende nicht ein einziges Verbrechen wirklich nachweisen können. Auch die Rechtsordnung ist am Ende des Romans nicht wirklich wiederhergestellt – jedenfalls nicht durch den Detektiv, dessen Profession im Grunde genommen einzig der Wiederherstellung dieser Rechtsordnung dienen soll. Vielmehr setzt sich der Detektiv genau über diese Rechtsordnung hinweg, indem er sich eine Richterrolle anmaßt, die ihm in unserem Rechtssystem nicht zusteht, und zudem Gastmann für ein Verbrechen bestraft, das er nicht begangen hat.

Kommissar Bärlach

Zentralfigur des Romans ist **Bärlach**, und dies nicht nur, weil er die Fäden in der Hand hält, sondern auch weil wir über seine Lebensumstände, seine Einstellungen und Gewohnheiten, Vorlieben und Abneigungen mehr erfahren als über jede andere Figur. Die Facetten seiner Persönlichkeit und manche seiner Verhaltensweisen, die auf den ersten Blick eigentümlich oder unverständlich erscheinen, erweisen sich vom Ende des Romans her gesehen allerdings als Elemente einer Strategie, die nicht nur Tschanz, sondern auch den Leser manipuliert.

Bärlach als Zentralfigur

Zunächst wird Bärlach, zur Zeit der Handlung ist er über **sechzig Jahre alt** (S. 10), als weltoffener und zurückgezogener Mensch zugleich eingeführt.

Als (junger) Kriminalist hat er sich in Konstantinopel und Frankfurt „hervorgetan", in Frankfurt ist er sogar Polizeichef gewesen. Dass er mit dem Nazi-Regime nicht einverstanden gewesen ist, wird durch den Vorfall mit der Ohrfeige angedeutet (vgl. S. 8). Ab 1933 tut er dann wieder Dienst in Bern, wo er seitdem auch

Biografie

| 1 SCHNELLÜBERSICHT | 2 FRIEDRICH DÜRRENMATT: LEBEN UND WERK | 3 TEXTANALYSE UND -INTERPRETATION |

3.4 Personenkonstellation und Charakteristiken

in einem Haus an der Altenbergstraße (Stadtteil Altenberg), also außerhalb des Innenstadtbereichs, wohnt. Sein Lieblingsplatz ist wohl ein **Diwan**, der in der fensterlosen Halle steht, die mit einem Schreibtisch und Regalen voller Bücher ausgestattet ist (vgl. S. 24).

Neben dem **Essen** scheint seine Lieblingsbeschäftigung das **Lesen** zu sein; darauf deuten nicht nur die vielen Bücher in der Halle hin, sondern auch die Tatsache, dass er, als Tschanz ihn zum ersten Mal aufsucht, eingeschlafen auf dem Diwan liegt und ein Buch in der Hand hält. Er besitzt kein Auto, geht in Bern immer zu Fuß, denn er findet, dass Bern eine viel zu kleine Stadt ist für

Einstellungen, Gewohnheiten, Verhaltensweisen

„Trams und dergleichen" (S. 10). Zu seinen Gewohnheiten gehört es auch, sein Haus, das keine Klingel hat, nicht zu verschließen („Es ist immer spannend, heimzukehren und zu sehen, ob einem etwas gestohlen worden ist oder nicht", S. 25). Bärlach teilt mit dem Autor Dürrenmatt die Vorliebe für Wein und Zigarren, die er – ein Akt der Insubordination – auch in Gegenwart von Lutz raucht, obwohl er weiß, dass sein Vorgesetzter den Zigarrenrauch nicht mag.

Mit seinen teilweise skurril anmutenden Verhaltensweisen und Einstellungen steht Bärlach durchaus in der Tradition des Genres, weisen doch etliche seiner Vorläufer eigentümliche Verhaltensweisen und Besonderheiten auf: Edgar Allan Poes Detektiv Auguste Dupin (*Der Doppelmord in der Rue Morgue*, 1841) schließt tagsüber

Bärlach und seine Vorgänger

die Läden des Hauses, in dem er lebt, und verbringt die Zeit bis zur Dunkelheit lesend beim Schein stark duftender Wachskerzen. Mit Sherlock Holmes, dem Detektiv von Arthur Conan Doyle, sind das Geigenspiel und der Konsum von Drogen verbunden, Agatha Christies Hercule Poirot weist das Charaktermerkmal der Eitelkeit auf. Selbst bei Ian Flemings Geheimagenten James Bond (der Romanfigur) finden sich solche Eigenheiten, die der Figur „Charakter"

3.4 Personenkonstellation und Charakteristiken

Jon Voight als Tschanz und Martin Ritt als Bärlach in der Verfilmung *Der Richter und sein Henker*, BRD/IT 1975 © Cinetext

verleihen sollen: seine Vorliebe für Martini und englische Autos.[19] Durch die Gespräche mit Lutz, teilweise auch mit Tschanz, in denen sich Bärlach skeptisch bis ablehnend gegenüber modernen wissenschaftlichen Polizeimethoden äußert, wird ihm ein konservativer Zug verliehen. In einigen Momenten erweckt er auch den Eindruck von Begriffsstutzigkeit oder Starrsinnigkeit, so wenn er Lutz gegenüber von einem Verdacht spricht, dann aber auf die Rückfrage antwortet: „Das kann ich Ihnen noch nicht sagen." (S. 14)

Diese Verhaltensweisen sind aber Elemente der bereits erwähnten Manipulationsstrategie. Bärlach bedient sich sehr wohl moderner Polizeimethoden: Die Kugel, die Schmied getötet hat, lässt

Bärlachs Manipulationsstrategie

---

19 Das Lieblingsauto des Roman-Bond ist ein alter Bentley, sein Lieblingscocktail ist „Vodka Martini with a large slice of lemon peel" (zitiert nach: Vogt, Bd. 1, S. 239).

3.4 Personenkonstellation und Charakteristiken

er im Labor untersuchen, um sie dann mit der vergleichen zu lassen, mit der Tschanz den Hund getötet hat, sodass er Tschanz den Mord wirklich nachweisen kann. Das, was wie Nicht-Wissen oder Desinteresse an Fakten erscheint, ist Teil einer Verschleierung von Tatsachen und Kausalzusammenhängen, die Bärlach dazu dient, Tschanz zu manipulieren. Er spielt mit Tschanz, bis dieser in einer ausweglosen Situation ist: Bärlach hält Wissen zurück oder greift sogar zur Lüge, so etwa wenn er behauptet, die Mappe Schmieds habe nur private Dokumente enthalten (vgl. S. 75). Zu Strategie Bärlachs gehört auch das Doppelspiel mit seiner Krankheit und seinem Alter; er erweckt gegenüber Tschanz den Eindruck von Gebrechlichkeit und Hilflosigkeit, sodass dieser ihn als Gegner unterschätzt. Beim Gespräch während des Abendessens manipuliert er Tschanz dadurch, dass er sich nun den Anschein gibt, nicht krank zu sein: „Der Alte reckte sich in seinem Stuhl, nun nicht mehr krank und zerfallen, sondern mächtig und gelassen, das Bild einer übermenschlichen Überlegenheit, ein Tiger, der mit seinem Opfer spielt (…)." (S. 112 f.)

Will unterschätzt werden

Auch Gastmann unterschätzt Bärlach zunächst, über dessen Biederkeit er sich beim ersten Wiedersehen noch mokiert (vgl. S. 67). Bei der Fahrt im Wagen kommt ihm ein anderer Gedanke, denn Gastmann sagt zu Bärlach: „Vielleicht bist du ein gefährlicherer Bursche, als ich dachte, alter Mann." (S. 100) Und Bärlach erweist sich als gefährlicher Bursche für Gastmann, denn sein Plan ist perfide und heimtückisch. Bärlach ist ein Meister der Strategie und der Manipulation. Somit stellt er aber genau das unter Beweis, was er vor vierzig Jahren im Disput mit Gastmann bestritten hat, denn damals hat er behauptet, es sei „unmöglich (…), mit Menschen wie mit Schachfiguren zu operieren" (S. 67). Somit ist Bärlach eine durchaus widersprüchliche oder zwiespältige Figur, wozu auch die dämonischen Züge beitragen, mit denen er ausge-

Meister der Strategie und Manipulation

3.4 Personenkonstellation und Charakteristiken

stattet ist (siehe Kapitel 20 im Roman und den Abschnitt über die Wette in Kap. 3.3 und 3.7 dieser Erläuterung).

Bärlachs Krankheit, den Magenkrebs, muss man wohl auch metaphorisch verstehen. Die schon vierzig Jahre andauernde (und bisher erfolglose) Jagd auf Gastmann und seine Schuldgefühle im Zusammenhang mit der Wette sind ihm auf den Magen geschlagen, haben ihn innerlich krank gemacht. Seine Krankheit trifft ein Organ, das in engstem Zusammenhang mit seiner Vorliebe für gutes Essen und gute Getränke steht. Und wie er beim Gastmahl für Tschanz Unmengen in sich hineinfrisst, so als wolle er die Welt und mit ihr das Böse verschlingen, so hat sich die Krankheit in sein Inneres gefressen, hat die böse Tat von einst ihre Wirkung getan.

Die Krankheit Bärlachs: metaphorische Bedeutung

Vielleicht nennt Gastmann, der ja weiß, dass Bärlach – selbst bei geglückter Operation – nur noch ein Jahr zu leben hat, Bärlach deshalb einen Narren, als der Kommissar ihm den Henker androht (vgl. S. 100). Am Ende hat Bärlach zwar Gastmann aus dem Weg geräumt und die alte Schuld abgetragen; aber dies, indem er neue Schuld auf sich geladen und das Böse mit dem Bösen bekämpft hat. Zudem ist das Unrecht mit Gastmann nicht aus der Welt geschafft; Bärlach hat einen Verbrecher beseitigt, aber nicht das Verbrechen. Die Bezeichnung „Narr" für Bärlach verwendet auch Gulliver, der Bärlach im Krimi *Der Verdacht* das Leben rettet. Seine Begründung für diese Bezeichnung lautet:

Bärlach: ein Narr?

> „Man kann heute nicht mehr das Böse allein bekämpfen, wie die Ritter einst allein gegen irgendeinen Drachen ins Feld zogen. Die Zeiten sind vorüber, wo es genügt etwas scharfsinnig zu sein, um die Verbecher, mit denen wir es heute zu tun haben, zu stellen. Du Narr von einem Detektiv; die Zeit selbst hat dich ad absurdum geführt." (*Der Verdacht*, S. 260)

Gastmann

Obwohl wir einige Informationen – durch Selbstaussagen, Äußerungen Bärlachs, von Schwendis, Lutz' und des Schriftstellers – über die Biografie **Gastmanns** bekommen, bleibt er als Figur doch insgesamt eher konturlos. Nach seiner Aussage ist er in Lamboing geboren, das er als Dreizehnjähriger verlassen hat (vgl. S. 70). Nach den Unterlagen von Lutz stammt er allerdings aus Sachsen, wo er in Pockau geboren sein soll (vgl. S. 73). Bei seiner Begegnung mit Bärlach in der Türkei ist er, ebenfalls nach seiner eigenen Aussage, ein „herumgetriebener Abenteurer" gewesen, „gierig, (s)ein einmaliges Leben und diesen ebenso einmaligen, rätselhaften Planeten kennenzulernen." (S. 65) Er behauptet, durch Bärlachs „Biederkeit" zu dem Mord an dem Kaufmann versucht worden zu sein (S. 67). Seit der Wette hat er sich bemüht, ein „immer besserer Verbrecher" zu werden und „unter (der) Nase (Bärlachs) immer kühnere, wildere, blasphemischere Verbrechen zu begehen (…)." (S. 69) Diese Verbrechen hat er hinter einer **Maske der Wohlanständigkeit** begangen. Seine Biografie weist ihn als Sohn eines Großkaufmanns aus; er ist Gesandter Argentiniens in China gewesen, ist Träger des Kreuzes der französischen Ehrenlegion, hat Publikationen über biologische Fragestellungen verfasst und es abgelehnt, in die Französische Akademie aufgenommen zu werden (S. 74). Als „ehemaliger Verwaltungspräsident des Blechtrusts" (S. 53) genießt er nach von Schwendi das Vertrauen der Industriellen. Bei seinen Empfängen, die den dekorativen Rahmen für die Abwicklung seiner Geheimdiplomatie und der Geschäftsabschlüsse bilden, umgibt er sich gerne mit Künstlern, Literaten und Musikern, die Bach zu Gehör bringen.

Parallel- und Kontrastfigur zu Bärlach

Gastmann ist Parallel- und Kontrastfigur zu Bärlach, er ist „eine Romanfigur, die am Reißbrett entstanden ist, einer modellhaften

3.4 Personenkonstellation und Charakteristiken

Versuchsanordnung gleich, die in allen Punkten als Kontrast- und Ebenbild des Kommissärs angelegt ist." [20]

Diese Rolle als Teil einer Versuchsanordnung wird besonders deutlich im Gespräch zwischen Bärlach und dem Schriftsteller, der Gastmann als Nihilisten ("Schlagwort in Wirklichkeit", S. 82) bezeichnet und sagt, er tue das Gute ebenso wie das Schlechte aus einer Laune heraus (vgl. S. 82). Gastmann bestätigt diese Einschätzung und benutzt die Begriffe Lust, Übermut und Laune, um seine Motive zu beschreiben (vgl. S. 70). Der Schriftsteller macht sich ein Bild von ihm, zu dem ein Spiegelbild gehört: Dieses Spiegelbild zeigt "einen Menschen, der ein Verbrecher wäre, weil das Böse seine Moral, seine Philosophie darstellt, das er ebenso fanatisch täte wie ein anderer aus Einsicht das Gute." (S. 82)

Nihilismus

Geht man von diesem Konstrukt aus, so erscheint Gastmann als Mensch, der frei von allen Bindungen und Normen ist, er tut Böses und Gutes, alles aus einer Laune heraus. Sein erstes Gegenbild ist Bärlach, der aus "Einsicht das Gute" tut. Sein zweites Gegenbild ist dann Dr. Nehle/Emmenberger aus *Der Verdacht*, der fanatisch das Böse tut. Auch ihn bezeichnet Bärlach als Nihilisten. Aber Emmenberger wehrt sich dagegen unter dem Hinweis auf sein Kredo: er glaubt an die "Materie, die *gleichzeitig* Kraft und Masse ist" (*Der Verdacht,* S. 250, Hervorhebung im Original).

Vergleich Gastmann/ Emmenberger

Für Emmenberger besteht Freiheit im "Mut zum Verbrechen", er hat sich dem hingegeben, was "frei machte, dem Mord und der Folter (…)." (ebd. S. 252). Hier liegt der Unterschied zu Gastmann, der sich die Freiheit herausnimmt, Böses *und* Gutes zu tun. Im Grunde trifft er sich genau an diesem Punkt mit Bärlach: Auch der nimmt sich Freiheiten heraus, indem er das Böse bekämpft (etwas Gutes tut), dies aber mit Mitteln des Bösen versucht. Gastmann und Bär-

Frei von allen Bindungen und Normen

---

20 Pasche, S. 41

lach spielen sich zu Richtern über das Leben anderer auf: Deshalb bedrohen sie sich gegenseitig mit dem Tode (vgl. Kapitel 18), wie sie bei ihrer ersten Begegnung auch Gefallen aneinander gefunden haben („Wir liebten uns auf den ersten Blick ...", S. 65). Ihre Wege haben sich immer wieder gekreuzt, einer ist dem anderen verfallen. Am Ende kommen sie zu ihrem Ausgangspunkt zurück, zu ihrer Wette.

Bärlach, Gastmann und Nehle/Emmenberger (*Der Verdacht*):
Die Beziehung der Figuren als modellhafte Anordnung

Bärlach: ist mit Gastmann schuldhaft verstrickt (Wette); um das Gute zu erreichen (Gastmann zu bestrafen), tut er das Böse (er manipuliert Tschanz, der Gastmann ermordet).

Gastmann: ist ein Nihilist; er tut, je nach Laune, Gutes und Böses.

Nehle/Emmenberger (*Der Verdacht*): Auch er ist ein Nihilist; für ihn besteht die Freiheit im „Mut zum Verbrechen".

Tschanz

Für **Tschanz** hat Bärlach letztlich wohl nur Verachtung üb-
rig, die sich in dem Bild vom Ochsen äußert, der den Weg bahnt
(vgl. S. 81), und auch in dem unvermittelten Duzen (vgl. S. 43). Ist
Gastmann ein Verbrecher von Format, so ist Tschanz im Grunde
ein Spießbürger, speisen sich die Motive seiner Mordtat doch aus
Neidgefühlen, Konkurrenzdenken und einem Minderwertigkeitskomplex.

Mörder mit
Minderwertig-
keitskomplexen

Hinter der biederen Maske des „gutmütigen, vollen Antlitzes"
(S. 18) verbirgt sich kriminelle Energie, die sich gegen Schmied
richtet. Dass Schmied aus einem besseren Elternhaus kommt, die
qualifiziertere Bildung genossen und schneller Karriere gemacht
hat, neidet Tschanz ihm. Er möchte wie Schmied sein, verschmilzt
fast mit dem Ermordeten, indem er dessen Auto kauft und zu
Schmieds Verlobter eine Beziehung beginnt, den gleichen Mantel
wie Schmied und einen ähnlichen Hut trägt (vgl. S. 18). Mit der
Ermordung Schmieds will Tschanz aus dem „Schatten" treten (vgl.
S. 86). Er unterschätzt Bärlach, wird zu dessen Schachfigur, zu seiner „furchtbarsten Waffe" (S. 116). Getrieben von seinem „lächer-
lichen, verbrecherischen Ehrgeiz" (S. 116) hat Tschanz Schmied
ermordet und Bärlach so um die „Chance" (ebd.) gebracht, Gastmann zu überführen. „In doppelter Wortbedeutung wird so der
Name des Polizeileutnants zu einem sprechenden Begriff: Tschanz
bedeutet ‚chance', der Zufall, ebenso wie die einmalige ‚Chance'
im Sinne von Gelegenheit, die Wette zu gewinnen."[21]

„Sprechender"
Name

---

21 Pasche, S. 44.

Der Schriftsteller und sein Figuren-Modell

Ironisches Selbstporträt

Hinter dem **Schriftsteller** leuchtet unzweifelhaft Dürrenmatt selbst auf, der sich hier teilweise selbstironisch zeichnet. Das Gespräch zwischen Bärlach und dem Schriftsteller weist zwei Phasen auf. Zeigt sich zunächst die private Seite des Schriftstellers, eine gewisse Selbstverliebtheit, vor allem aber seine Vorliebe für das Kochen, geht es im zweiten Teil letztlich um eine poetologische Konzeption und die Theorie des Bilder-Machens (mit der sich auch Bertolt Brecht und Max Frisch auseinandergesetzt haben).

Der Schriftsteller weist seinem Stand eine gewisse Wächterfunktion zu, denn er sagt, dass es sein Beruf sei, den „Menschen auf die Finger zu sehen." (S. 81) Daraus erklärt sich sein Interesse an Gastmann, dem er jedes Verbrechen zutraut, wenngleich er ihm im Falle Schmied ein Alibi verschafft. Von Gastmann macht er sich ein Bild, und er sieht in ihm den personifizierten Nihilismus, um dann zu sagen: „Man könnte sein Gegenteil im Bösen konstruieren, wie man eine geometrische Figur als Spiegelbild einer andern konstruiert (…)." (S. 82)

Figuren-Trias

Was der Schriftsteller hier als Modell vorstellt, hat der Autor Dürrenmatt mit der Figuren-Trias Bärlach–Gastmann–Nehle/Emmenberger in Literatur umgesetzt. Er hat diese drei Figuren „wie ein Programm" (S. 82) entworfen, um sie voneinander absetzen, aber auch um sie aufeinander beziehen zu können. Dass die Figuren auch in der Wirklichkeit auftauchen können, hält der Schriftsteller nicht für ausgeschlossen. Dürrenmatt spielt hier das Spiel von Fiktionalität und Realität und treibt es auf die Spitze, wenn er seine beiden Polizisten denken lässt: „Auf alle Fälle sich nicht beobachten lassen, sonst kommen wir noch in ein Buch (…)." (S. 76)

| 4 REZEPTIONS- | 5 MATERIALIEN | 6 PRÜFUNGS- |
| GESCHICHTE | | AUFGABEN |

3.4   Personenkonstellation und Charakteristiken

Untersuchungsrichter Lutz und Nationalrat von Schwendi

Sie repräsentieren die gesellschaftliche Elite bzw. die politische
Klasse des Landes; beide sind als Karikaturen angelegt, in denen
Dürrenmatt auch die politischen, geistigen und rechtlichen Ver-
hältnisse der Schweiz spiegelt. Lutz und von Schwendi sind Paral-
lel- und Kontrastfiguren zugleich: ist der eine (von Schwendi) bis
zur Penetranz selbstgefällig, arrogant und dabei letztlich dumm
und von Vorurteilen besetzt, ist der andere (Lutz) ein schwacher
Charakter, nahezu ohne Selbstbewusstsein und provinziell. Lutz
betont seine Erfahrungen in Amerika und lobt die dortigen wissenschaftlichen Methoden der Polizei, geht aber wie selbstverständlich – und ohne (kriminaltechnische) Untersuchung – davon
aus, dass Tschanz in Notwehr gehandelt hat. Durch von Schwendi
lässt er sich unter Druck setzen und biegt die Untersuchung ab.
Von Schwendi hält wenig von demokratisch legitimierten Verfahren, macht sich mit Industriellen und Geheimdiplomaten gemein,
versteht sich als Lobbyist und nicht als Repräsentant einer demokratischen Ordnung. Weder Lutz noch von Schwendi haben eine
wirkliche politische Überzeugung, was sich am Namen der Partei,
der sie angehören, ablesen lässt: „Partei der konservativen liberalsozialistischen Sammlung der Unabhängigen" (S. 45). Die Politik
und das Recht enden da, wo es um Millionen geht (vgl. S. 55).

Parallel- und
Kontrastfiguren

DER RICHTER UND SEIN HENKER

3.5 Sachliche und sprachliche Erläuterungen

3.5 Sachliche und sprachliche Erläuterungen

S. 5	**Twann**	Ortschaft in der Nähe von Lamboing und Biel (Bieler See); nördlich von Bern gelegen; die Ortsnamen sowie auch die Ortsangaben in Bern können auf entsprechenden Karten nachgesehen werden.
S. 6	**Der Letzte Tag**	Tag des Weltuntergangs/Armageddon
	Kommissär	angelehnt an das französische Wort „commissaire".
S. 10	**Tram**	Straßenbahn
	Toteninsel	Gemälde von A. Böcklin (1827–1901)
S. 14	**Traffelet-Bilder**	Fritz Traffelet (Schweizer Maler)
S. 24	**Falle**	Türklinke; aber Tschanz geht auch Bärlach in die Falle.
S. 26	**Charon**	In der Mythologie der Fährmann, der die Toten über den Fluß Styx in die Unterwelt (Hades) bringt.
S. 40	**Assasin**	Mörder
	On a rien trouvé	Man hat nichts gefunden.
	… n'était pas …	war nicht bei Gastmann, unmöglich
S. 41	**Un monsieur …**	ein sehr reicher Herr
	Fiancée	Verlobte
	… comme un roi	wie ein König
	Un chien très dangereux	ein sehr gefährlicher Hund
S. 72	**Was ist der Mensch?**	Ecce homo? Anspielung auf die Frage des Pilatus: Was ist Wahrheit? (Johannesevangelium); aber auch Anspielung auf die Rätselfrage der Sphinx in der griechischen Mythologie.

3.5 Sachliche und sprachliche Erläuterungen

S. 106	**Charnels Braut**	Charnel ist Polizist in Lamboing (siehe 6. Kapitel).
S. 109	**Labyrinth**	Motiv im Werk Dürrenmatts, in einem Labyrinth lebte der Minotaurus aus der griechischen Mythologie.

3.6 Stil und Sprache

Die Sprache des Romans ist unkompliziert, weist einige regionale Einsprengsel auf, ist durch Wetter- und Lichtmetaphorik gekennzeichnet und teilweise klischeehaft. Auffallend ist die Lichtmetaphorik.

Dürrenmatts Stil und Sprache in *Der Richter und sein Henker* sind, vielleicht auch den Anforderungen des populären Genres entsprechend, nicht besonders kompliziert. Der Schweizer Autor überfordert seine Leserinnen und Leser nicht, wenngleich die Satzkonstruktionen immer wieder **hypotaktisch** angelegt sind und sich Reihungen, Einschübe und **Ellipsen** finden lassen. Die Sprache weist, sehr gemäßigt, **regionale Einsprengsel** auf und lässt einige Brocken Französisch anklingen. Dürenmatts Vorliebe für die Pointe, das **Groteske**, für **Ironie** und Komik lassen sich an vielen Stellen im Text nachweisen.

Klischee oder Parodie des Klischees?

Der intensiven Beschäftigung mit dem Roman und dem Urteil des Rezipienten soll die Entscheidung darüber überlassen sein, ob die eine oder andere nahezu klischeehafte Formulierung dem Genre, seiner Parodie oder nur einer gewissen Nachlässigkeit Dürrenmatts zu verdanken ist. So „wischt sich" Clenin beim Transport der Leiche Schmieds „den Schweiß von der Stirne" (S. 6); Bärlach „liegt" beim Eindringen in Gastmanns Garten „kalter Schweiß auf seiner Stirne" (S. 32); als Tschanz in der Nacht bei Bärlach eindringt, fühlt dieser, „wie kalter Schweiß über seinen Nacken" fließt (S. 94); und natürlich bricht Tschanz „kalter Schweiß aus den Poren", als ihm klar wird, dass er Bärlach in die Falle gegangen ist (S. 112). Als sich Bärlach vor Schmerzen am Boden windet, ist er „mit kaltem Schweiß bedeckt" (S. 72).

3.6 Stil und Sprache

Immer wieder taucht im Roman die Lichtmetaphorik auf („… so heimtückisch war das Gegenlicht", S. 76), immer wieder werden Landschaft, Natur und Wetter in Bilder gefasst: „Wie er jedoch den See entlang gegen Biel fuhr, verdichtete sich der Nebel wieder, und von der Sonne war nichts mehr zu sehen. Der Morgen wurde finster wie der Letzte Tag." (S. 6)

Lichtmetaphorik

Einige Stilmittel werden nun an Beispielen erklärt:

Sprachliches Mittel	Erklärung	Textbeleg
Vergleich	Bild/Form uneigentlichen Sprechens	wie ein alter, weiser Chinese (S. 6)
Hyperbel	Übertreibung (Vergrößerung/Verkleinerung)	ein großer aufgeschwemmter Polizist (S. 15)
Personifikation	Belebung von Dingen	Trams, Automobile schwammen (S. 56)
Enumeratio	Reihung, Aufzählung	Dann heulten die Bässe, die Posaunen, die Waldhörner … (S. 59)
Hypotaxe	Satzgefüge	Sie rannten … (S. 61)
Gegensatz	Verbindung von zwei Wörtern, die ihrer Bedeutung nach einen Gegensatz bilden.	böser Spaß (S. 74)
Metapher	Bild (ohne Vergleichswort)	der Strom der Menschen (S. 101)
Klimax	Steigerung	alle sauber, alle gewaschen, alle hungrig, alle sich auf ein besseres Essen freuend (S. 101)

3.7 Interpretationsansätze

Dürrenmatts Roman weist typische Merkmale des Krimigenres auf und geht gleichzeitig über das Genre hinaus. In diesem Zusammenhang gehen wir auf folgende Interpretationsaspekte näher ein:

→ Dürrenmatts Spiel mit dem Krimi-Genre,
→ die Bedeutung des Zufalls,
→ Bärlach und die Wette.

Diese drei Schwerpunkte müssen im Zusammenhang mit den anderen im Band gegebenen Erläuterungen gesehen werden und ergeben dann ein umfassenderes Verständnis des Romans.

Spiel mit dem Krimi-Genre

Dürrenmatts *Der Richter und sein Henker* knüpft durchaus an Grundelemente des Genres Kriminalroman (Detektivroman) an, geht aber zugleich über das Genre hinaus. Der Detektiv als Zentralfigur, der die Untersuchung führt, Alibis überprüft, Motive erforscht, Indizien zusammenträgt, den Täter überführt, kurz: das Rätsel löst, all das finden wir bei Dürrenmatt wie in Krimis überhaupt. Gleichzeitig verweigert sich der Roman aber dem rein Schablonenhaften. Und das in mehrfacher Hinsicht. Durch die im 11. Kapitel einsetzende zweite Handlungsebene (Bärlach–Gastmann) werden Themen in den Roman geholt, die die Grenzen des Genres überschreiten: Dazu gehören die **Rolle des Zufalls** als Prinzip sowie die **Wette** und die damit verbundene **Schuldfrage**. Dürrenmatt thematisiert durch die Wette zwischen Gastmann und Bär-

Zufall und Schuld

| 4 REZEPTIONS-GESCHICHTE | 5 MATERIALIEN | 6 PRÜFUNGS-AUFGABEN |

3.7   Interpretationsansätze

lach den Zufall und seine Wirkungsmächtigkeit, eine Thematik, die
er auch als Dramatiker verfolgt (siehe Kap. 2.3 dieser Erläuterung).

> „Die Kriminal- – hier besser die Detektivliteratur – basiert weit-
> gehend auf der Prämisse von der rationalen Struktur der Wirk-
> lichkeit, die durch den menschlichen Verstand – durch Detekti-
> on und Deduktion des Detektivs – erkannt werden kann."[22]

Prämisse einer
rationalen Welt

Diese Prämisse gibt Dürrenmatt auf und macht sie gleichzeitig
zum Thema. Bereits recht früh im Roman, beim Fund der Patrone,
spricht Bärlach das Thema „Zufall" an; im Disput zwischen Gastmann und Bärlach ist der Zufall das zentrale Element.

Die Rolle des Zufalls

Beide – bezeichnenderweise auch der Polizeikommissar – sprechen dem Zufall besondere Bedeutung zu: Bärlach meint, dass gerade Zufälle dazu beitragen, Verbrechen aufzuklären, Gastmann
macht die Zufälle dafür verantwortlich, dass viele Verbrechen erst
gar nicht als solche erkannt werden. Der Roman gibt letztlich die
Bestätigung für beide Thesen. Auf der Ebene des Mordkomple-
xes „Schmied" gibt es Zufälle – wie den Patronenfund – die dem
Detektiv in die Hand spielen und dazu beitragen, den Mörder zu
entlarven. Zufälle dieser Art finden wir auch in anderen Kriminalromanen. Was die Wette zwischen Bärlach und Gastmann angeht,
so hat sich Gastmanns These bewahrheitet. Unter den Augen Bärlachs hat er Verbrechen begangen und es sogar verstanden, sie
hinter dem Schleier der Wohlanständigkeit zu verbergen. Bärlach
gelingt es weder durch detektivische Arbeit noch durch einen Zufall, Gastmann zu überführen. Sein Problem besteht ja gerade dar-

Verschiedene
Arten von
Zufällen

--- ---

22   Große, S. 142.

in, dass er Gastmann die Verbrechen, die er begangen hat, nicht nachweisen kann, womit Gastmanns These zunächst bestätigt ist. Bärlach muss sich deshalb auch über Recht und Gesetz hinwegsetzen; er muss Gastmann einen Henker schicken und sich zum Richter machen, weil er ihm mit den Mitteln polizeilicher Arbeit und der Strafjustiz nicht beikommen kann. Deshalb muss er Tschanz so in die Enge treiben und ihn so manipulieren, dass dieser als Waffe funktioniert.

Teleologisch operierender Zufall

Nun mag man auch den Umstand, dass Tschanz im Grunde zur „rechten Zeit" Schmied tötet (Gastmann kehrt nach Lamboing zurück, Bärlachs gesundheitliche Lage spitzt sich dramatisch zu) als Zufall bezeichnen. Dann ist er freilich von einer anderen Art als der des Patronenfundes. Es handelt sich in diesem Falle um einen „teleologisch operierenden Zufall"[23]. Hierzu merkt Waldmann kritisch an:

> „Die eigentliche Leistung Dürrenmatts liegt bei ihrem thematischem Anliegen: dem Zufall. Eben dieses macht aber auch ihre entscheidende Fragwürdigkeit aus. Wir haben gesehen, dass der Zufall bei Dürrenmatt nur die eine Funktion hat: die Ohnmacht des Menschen und seiner Vernunft zu erweisen. Und das wird nicht demonstriert innerhalb eines ideologiekritischen Anliegens, etwa um die Problematik eines unkritischen, blinden Vernunftglaubens zu zeigen, sondern aus einem religiösen Motiv: um den Menschen in die Stellung absoluter Ohnmacht gegenüber Gott zu bringen und so die Größe und Allmacht Gottes darzutun."[24]

---

23 Knapp, S. 33.
24 Waldmann, zitiert nach: Vogt, Bd. 1, S. 221 f.

Bärlach und die Wette

Mit der Wette zwischen Gastmann und Bärlach ist dem Roman *Der Richter und sein Henker* „eine Tiefendimension eingefügt, die die Problemstellung über die reine Aufklärung eines Kriminalfalls erweitert."[25]

Die mit der Wette eng verbundene Fragestellung ist die, wer denn nun als Wettsieger anzusehen ist. Festzuhalten bleibt, dass Bärlach Gastmann die Ermordung des Kaufmanns in Konstantinopel nicht hat nachweisen können. Festzuhalten bleibt auch, dass Bärlach vierzig Jahre lang nicht in der Lage war, Gastmann irgendeines Verbrechens zu überführen. Gastmann fasst das in die provozierende Aussage: „Die Dummköpfe konntest du besiegen, aber ich besiegte dich." (S. 70) Abstrahiert man einmal davon, dass Gastmann unzweifelhaft ein Verbrecher ist, und sieht nur den intellektuellen Streitpunkt der Wette, die beiden sich gegenüberstehenden Thesen, so muss man Gastmann zustimmen und ihn als Sieger anerkennen. Gerade dass Bärlach Tschanz als Henker bzw. Killer einsetzen muss, ist der Anhaltspunkt dafür, dass Bärlach die Wette verloren hat. Dass Gastmann tot ist, ist kein Hinweis auf den Sieg Bärlachs, sondern zeigt nur, dass er ein schlechter Verlierer ist. Deshalb muss er seine Handlungsweise auch überhöhen, wenn er für die Tötung Gastmanns durch Tschanz eine quasi theologische Rechtfertigung gemüht: „Er wird dich töten, denn das muß nun eben einmal in Gottes Namen getan werden." (S. 100) Damit verlässt Bärlach den Bezirk der Wette, deren Preis in der Anerkennung der These des Wettpartners besteht. Zugleich aber reklamiert er für seine Handlungsweise ethische Grundsätze, mit denen aber genau diese Handlungsweise nicht vereinbar ist. Bärlach begibt sich nahezu auf eine vorzivilisatorisch-archaische

Randnotizen:
Bärlach als Verlierer der Wette

Schlechter Verlierer?

---

25 Große, S. 143 (siehe zur Wette auch Kap. 3.3 dieser Erläuterung).

Ebene der Rache; zumindest aber verlässt er den Rahmen einer bürgerlichen Rechtsordnung, die das Faustrecht abgeschafft hat. Mit dieser Handlungsweise, die sich über die Rechtsordnung stellt, lädt Bärlach Schuld auf sich. Oder anders gesagt: Er trägt eine alte Schuld dadurch ab, dass er eine neue auf sich lädt. Denn sein lebenslanges Streben, Gastmann zu überführen, ist in jener schuldhaften Verstrickung begründet, die dadurch entstanden ist, dass Bärlach die ihm angebotene Wette überhaupt angenommen hat. Diese Schuld lässt ihn nicht zur Ruhe kommen, sie lässt ihn die Frage stellen „Was ist der Mensch?", sie frisst ihn von innen her auf. Und sie lässt ihn am Ende skrupellos, ungesetzlich und unmenschlich handeln.

Philosophischer
Modellfall

Mit der Thematisierung des Zufalls, mit der Wette und der Frage nach Schuld, Gerechtigkeit und Recht verlässt Dürrenmatt eingeschliffene Muster des Genres und betont „die Verlagerung vom traditionellen Mordrätsel zum philosophischen Modellfall. Dennoch trägt das Schema des Detektivromans (…)."[26]

---

26 Pasche, S. 54 f.

4. REZEPTIONSGESCHICHTE

→ *Der Richter und sein Henker* wurde zu einem der großen Publikumserfolge Dürrenmatts.

→ Die Literaturkritik nahm das Werk zunächst nicht zur Kenntnis oder reagierte ablehnend.

→ Ab den 1970er Jahren mehrten sich aber die positiven Bewertungen des Romans.

→ 1975 wurde der Roman von Maximilian Schell verfilmt.

Dürrenmatts Kriminalroman *Der Richter und sein Henker* gehört zu den großen Publikumserfolgen des Autors. Nach dem Erscheinen der ersten Buchfassung wurde der Roman beständig neu aufgelegt. Die heutige Gesamtauflage liegt bei über fünf Millionen Exemplaren; der Roman ist in alle Weltsprachen übersetzt. Diese Popularität beim Publikum ist allerdings nicht identisch mit der Aufnahme durch die Literaturkritik, denn bei seinem Erscheinen wurde der Roman durchaus skeptisch beurteilt bzw. zunächst ignoriert. Dies hat auch mit dem in den 1950er-Jahren noch vorherrschenden Literaturverständnis zu tun, worauf Jan Knopf hingewiesen hat:

Erfolg beim Publikum

"Dass der Roman zu Beginn der 50er Jahre durchaus noch eine anrüchige literarische Erscheinung dargestellt hat, eine nur durch stoffliche Spannung die Abenteuerlust weiter Kreise befriedigende Literatur, sollte nicht ganz vergessen sein; die Literaturwissenschaft hat sie erst allmählich zur Kenntnis und dann auch ernst zu nehmen begonnen."[27]

---

27 Knopf, S. 50.

Drei Rezeptions-phasen	Folgt man Gerhard P. Knapp, hat sich die Rezeption des Dürren-matt-Romans in drei Phasen vollzogen.[28] Die **erste Phase**, bis zum Ende der 1950er- und zum Beginn der 1960er-Jahre reichend, ist dadurch gekennzeichnet, dass die Literaturkritik den Roman gar nicht beachtet hat, da er, wie andere Kriminalromane auch, eben nicht als große Literatur galt, sondern als reine Unterhaltungswa-re. In den 1960er-Jahren (**zweite Phase**) erhielt Dürrenmatts *Der Richter und sein Henker* bereits mehr Beachtung und auch eine zögernde Anerkennung. Allmählich gerät dabei in den Blick, dass Dürrenmatt zwar an das populäre Genre des Kriminalromans an-knüpft, aber zugleich darüber hinausgeht. Allerdings ist auffällig, „dass die meisten Interpreten noch nicht über ein adäquates me-thodisches Instrumentarium verfügen, das dieser Mischform aus ‚ernster‘ und ‚leichter‘ Literatur gerecht werden könnte."[29]
Verfilmung von 1975	Mit den einsetzenden 1970er-Jahren beginnt dann die **dritte Phase der Rezeption**. Die Popularität des Romans wird durch die Verfilmung von 1975 (Regie: Maximilian Schell, Dürrenmatt selbst spielt die Rolle des Schriftstellers) noch größer. Eine bedeutende Veränderung des Films gegenüber dem Roman ist die Aufwertung der Rolle einer Nebenfigur, Schmieds Verlobte Anna, im Film dar-gestellt von Jacqueline Bisset.
	Gleichzeitig greift auch die Literaturwissenschaft den Roman unter dem Aspekt der Gattungstheorie wieder auf. Knapp schreibt hierzu:

---

28 Vgl. Knapp, S. 44 ff.; die folgende Darstellung orientiert sich an Knapp.
29 Ebd., S. 45.

| 4 REZEPTIONS-GESCHICHTE | 5 MATERIALIEN | 6 PRÜFUNGS-AUFGABEN |

„Die Literaturwissenschaft (...) kann (...) neue Konzepte und Zugänge entwickeln, die auf eine breitere Definition des Begriffs ‚Literatur' gestützt sind. Untersuchungen und Deutungen der jüngeren Jahre sind vor allem um den Nachweis einer gattungskritischen Wirkungsstrategie des Romans bemüht. Auch seine differenzierte Entfaltung kontrastierender ethischer bzw. weltanschaulicher Positionen rückt nunmehr in den Mittelpunkt der Interpretation."[30]

Die hier nur kurz skizzierte Rezeptionsgeschichte des Romans macht deutlich, dass die Beurteilung der Qualität eines literarischen Werkes sich innerhalb weniger Jahre verändern kann. Die Rezeption von Dürrenmatts Roman ist auch ein Beleg für die **Veränderungen des Literaturbegriffs** selbst.

---

30 Ebd., S. 48.

5. MATERIALIEN

Anthropologisches
Interesse

In seiner Kurzinterpretation des Romans geht Wilhelm Große auf die Veränderungen ein, die sich seit den 1950er Jahren im Genre der Kriminalliteratur feststellen lassen. Große konstatiert, dass die Kriminalliteratur zunehmend von der Prämisse einer rationalen Struktur der Wirklichkeit abweicht und mit Formen und Inhalten experimentiert. In diesem Zusammenhang schreibt er über *Der Richter und sein Henker*:

„Es ist dieses anthropologische Interesse, das Interesse am Menschen, das sich hinter dem Kriminalroman verbirgt, denn im Gewande dieses literarischen Schemas werden bei Dürrenmatt anthropologische Themen durchgespielt. So tritt an die Seite des aufzuklärenden Mordes an Schmied, als dem eigentlich kriminalistischen Erzählstrang, ein zweiter Handlungsstrang: die Wette zwischen Gastmann und Bärlach. Erst beide Handlungsstränge zusammen, ihre Verknüpfung, ihre Aufklärung und ihre erneute Verdunkelung, bilden jenes Geflecht aus Verrätselung, Aufklärung und sich bis zum Ende hin erneuernder Verrätselung der Handlung und der Handlungsmotive, das den Roman ausmacht. Dem Kriminal- bzw. Detektivroman ist mit der Wette zwischen Gastmann und Bärlach eine Tiefendimension eingefügt, die die Problemstellung über die reine Aufklärung eines Kriminalfalles erweitert."[31]

---

31 Große, S. 143.

Mit der „Tiefendimension" des Romans, nämlich der Überlagerung der Detektionshandlung durch eine Moralebene, setzt sich auch Walter Seifert auseinander. Er geht davon aus, dass Bärlach die „Wette" verloren habe, weil es ihm nicht gelungen sei, Gastmann mit kriminalistischen Mitteln zu überführen. Zudem sei Bärlach Verlierer, weil er – entgegen seiner eigenen These – mit Tschanz wie mit einer Schachfigur operiert habe, um Gastmann zu besiegen. Von diesen Überlegungen ausgehend, schreibt er über Bärlachs „Hybris":

Bärlachs „Hybris"

„Die Hybris des menschlichen Geistes besteht bei Bärlach darin, dass er, nachdem er auf der Ebene des positiven Rechts gescheitert ist, auf der Ebene der Gerechtigkeit gegen Gastmann vorgeht. Er überschreitet dabei die ihm gesellschaftlich zugewiesene Position der Exekutive und maßt sich das Amt der Judikative an. Um der Gerechtigkeit willen bricht er das Recht und die Gesetze, und zwar im Verborgenen, wie Gastmann auch. Bärlach übt Selbstjustiz wie sonst die Verfolger in Kriminalromanen. Dabei nimmt er jedoch nicht selbst die Waffe in die Hand, sondern benutzt einen anderen als Mittel, um den Verbrecher zu vernichten. (...) Dürrenmatt zeigt, dass diese Gerechtigkeit durch die Mittel, deren sie sich bedient, zum Faustrecht und zur Selbstjustiz depraviert und damit in ihr Gegenteil umschlägt. Statt das unreflektierte Gerechtigkeitsgefühl der Leser zu befriedigen, problematisiert er gerade das Grundprinzip, nach dem der Schluss von Kriminalromanen konzipiert ist."[32]

---

32 Seifert, S. 98.

| 1 SCHNELLÜBERSICHT | 2 FRIEDRICH DÜRRENMATT: LEBEN UND WERK | 3 TEXTANALYSE UND -INTERPRETATION |

Trivialroman?

Günter Waldmann geht unter anderem der Frage nach, ob es sich bei Dürrenmatts Roman um einen Kriminalroman oder einen Anti-Kriminalroman handelt. In diesem Zusammenhang untersucht er auch die Frage, ob *Der Richter und sein Henker* die Grenze zum Trivialen überschreitet:

„Es ist nicht ganz einfach, die Grenzen etwa zwischen dem Roman *Der Richter und sein Henker* und dem trivialen Kriminalroman eindeutig abzustecken: Auch Dürrenmatts Roman kreist um den oder die Mittelpunktshelden (wenn auch in der eben deswegen nicht recht gelungenen Absicht, sie in Frage zu stellen) und entwirft von ihnen aus das epische Geschehen. Er ist völlig traditionell erzählt, und es gelingt Dürrenmatt deshalb nicht, für das thematische Anliegen ‚Zufall' eine eindeutig episch darstellende Erzählform zu finden (bei den Komödien, für die er das dramaturgische Prinzip des Zufalls ausführlich begründet hat, liegt der Fall praktisch analog). Die Art der Darstellung ist z. T. reißerisch, arbeitet mit manchmal recht ehrwürdigen stilistischen Mitteln und scheut in Personenzeichnung, Handlungsführung wie Problemlösung altvertraute Klischees nur wenig. Der Roman entspricht weithin der trivialen Erwartungshaltung üblicher Kriminalroman-Leser (...)."[33]

Flucht vor Literaturbetrieb

Elisabeth Brock-Sulzer stellt u. a. dar, welche Bedeutung das Abfassen der Kriminalromane für Dürrenmatt selbst gehabt hat. Sie sieht in den Romanen auch den Versuch Dürrenmatts, dem musealen Literaturbetrieb zu entfliehen und dem Zwang zur Perfektion auszuweichen. Es heißt bei ihr dazu:

— — —

33 Waldmann, zitiert nach: Vogt, Bd. 1, S. 221.

| 4 REZEPTIONS-GESCHICHTE | 5 MATERIALIEN | 6 PRÜFUNGS-AUFGABEN |

„[Die Kriminalromane] wurden zunächst für den *Schweizerischen Beobachter* verfasst und waren in erster Linie Verdienstmöglichkeit. Wieweit das den Dichter bedrückte, weiß ich nicht. Er nennt es jedenfalls die einzige ausschließliche Brotarbeit, die er getan habe. Ich habe mehr von dem Amüsement spüren können, das ihn überkam vor dieser Methode, ‚ins Blaue hinein zu dichten'. Denn die Romane wuchsen ihm vorweg unter den Händen, von einem Termin zum anderen. (…) Einmal der Literaturkritik – oder besser gesagt der Literatur überhaupt – entrückt zu sein, erleichterte den Dichter. Er hatte das Gefühl, unter einer Tarnkappe zu leben, verantwortlich nur der eigenen Lust und Laune. Immer wieder bricht ja solcher Anspruch bei ihm durch (…). Nicht dass Dürrenmatt Kriminalromane schreibt, gibt ihm Erholung, sondern dass er den Kanon des Kriminalromans dabei auch wieder parodieren kann."[34]

---

34 Brock-Sulzer, *Stationen*, S. 233.

6. PRÜFUNGSAUFGABEN MIT MUSTERLÖSUNGEN

Unter www.koenigserlaeuterungen.de/download finden Sie im Internet zwei weitere Aufgaben mit Musterlösungen.

Die Zahl der Sternchen bezeichnet das Anforderungsniveau der jeweiligen Aufgabe.

Aufgabe 1 *

Untersuchen Sie die Funktion der Naturmetaphorik in Dürrenmatts *Der Richter und sein Henker*!

Mögliche Lösung in knapper Fassung:

VORAUSSETZUNG

In der Literatur sind Naturschilderungen (Schilderungen von Landschaft, Umgebung, Wetter etc.) häufig mehr als reine Beschreibung von Örtlichkeiten und malerische Ausgestaltungen von Schauplätzen der Handlung. Oftmals sind sie mit „Bedeutung aufgeladen", haben metaphorischen oder symbolischen Charakter und können letztlich sogar reine „Seelenlandschaften" repräsentieren. Die Haltungen der Figuren gegenüber Natur, Landschaft und Wetter können somit auch über die Figuren selbst Aufschluss geben und ihren jeweiligen inneren Zustand spiegeln. In Dürrenmatts *Der Richter und sein Henker* bilden die Naturlandschaften (die Postkartenidylle der schweizerischen Landschaft um den Bieler See) zunächst generell einen Kontrastraum zum städtischen Handlungsort Bern, in dem Bärlach lebt und als Kommissar arbeitet. Wobei Verbrechen sich in diesem Roman nicht nur in der Stadt ereignen (Anschlag auf Bärlach), sondern besonders in Na-

4 REZEPTIONS- GESCHICHTE	5 MATERIALIEN	6 PRÜFUNGS- AUFGABEN

turräumen. Der Verbrecher Gastmann bevorzugt die ländliche Abgeschiedenheit, Schmied wird auf einer Landstraße inmitten der Natur ermordet. Dabei verortet Dürrenmatt seinen Krimi zugleich in dem Raum, in dem er damals gelebt hat (Ligerz am Bieler See). Naturmetaphorische Elemente nehmen in seinem Roman ganz unterschiedliche Funktionen ein.

ZUR AUFGABE

→ Natur als Krimi-Kulisse: Der Polizist Clenin findet den ermordeten Schmied im Spätherbstnebel. Dürrenmatt bedient sich hier typischer Krimielemente (der Nebel als geheimnisvolle und bedrohliche Naturkulisse), überhöht diese Kulisse aber zugleich metaphorisch: „Der Morgen wurde finster wie der Letzte Tag." (S. 6) Der Letzte Tag ist der (biblische) Tag des Weltuntergangs (Armageddon).

→ Natur als Element grotesken Spiels: Clenin bindet die Leiche Schmieds auf dem Beifahrersitz fest. Der tote Schmied wird von der aufgehenden Sonne beschienen, als Clenin mit dem Wagen in einen Stau gerät. Die Handlungsweise des Polizisten, die getrost als unsachgemäß bezeichnet werden kann, und die Naturelemente verbinden sich zu einem grotesken Gesamtbild. Dieses entsteht auch bei der Beerdigung Schmieds (11. Kapitel), als die Beerdigungsgesellschaft durch einen sintflutartigen Regen auseinandergetrieben wird.

→ Natur als Spiegel von Stimmungen: Nach dem Regen während der Beerdigung Schmieds verändert sich das Wetter; Bärlach sitzt im Wagen, der ihn nach Hause bringen soll, und wird „für Augenblicke in ein blendendes Licht getaucht". Die Sonne bricht durch die Wolken, verschwindet wieder, um erneut die Wolken zu durchstoßen und den Nebel zu verjagen. Dieses Wechselspiel der Natur begeistert Bärlach: „ (…) seine Augenschlitze funkelten, gierig sog er das Schauspiel in sich auf: die

| 1 SCHNELLÜBERSICHT | 2 FRIEDRICH DÜRRENMATT: LEBEN UND WERK | 3 TEXTANALYSE UND -INTERPRETATION |

Erde war schön." (S. 63) Diesem Glücksmoment folgt die Konfrontation mit Gastmann, an deren Ende Bärlach zusammenbricht. Als er sich von dem Zusammenbruch erholt hat, wird sein Seelenzustand wieder durch ein Naturbild gespiegelt: „Bärlach schaute in die reingewaschenen Felder hinein. Es war alles in helles, ruhiges Licht getaucht. Eine warme, sanfte Sonne hing am Himmel (...)." (S. 75)

→ Natur als Gleichnis für das Leben: Bärlach betrachtet das Wechselspiel von Sonne und Dunkelheit, Licht und Schatten und die dahinziehenden Wolkenberge „in den blauen Meeren des Himmels. Unbeirrbar schaute der Alte in dieses sich unaufhörlich ändernde Wetter des Vorwinters. Immer dasselbe, dachte er, wie es sich auch ändert, immer dasselbe." (S. 84) Hier wird die Natur zum Bild für das Leben und seine Wechselfälle überhaupt. Negatives (Schatten) und Positives (Licht) wechseln sich unaufhörlich ab, gehen ineinander über, bedingen sich gegenseitig. Auf Bärlach selbst gewendet, bedeutet dies aber auch, dass die Grenzlinie zwischen „Gut" und „Böse" nicht klar markiert ist. Bärlach selbst kämpft für das Gute, aber er tut es mit Methoden des Schlechten: Er manipuliert und instrumentalisiert Tschanz, macht ihn zu seinem Werkzeug, um Gastmann zu besiegen. Dabei überschreitet er selbst die Grenze zum Bösen, indem er sich zum Richter macht und Gastmann für ein Verbrechen töten lässt, dass dieser nicht begangen hat. Auch Bärlach ist in Schuld verstrickt.

FAZIT

Dürrenmatt setzt in *Der Richter und sein Henker* mehrfach Naturschilderungen ein, die über reine Landschafts- und Wetterbeschreibungen hinausgehen. Den Naturschilderungen können unterschiedliche Funktionen zugewiesen werden. Insgesamt tragen sie, neben anderen Elementen, zur „inneren Dramaturgie" des Romans bei.

| 4 REZEPTIONS-GESCHICHTE | 5 MATERIALIEN | 6 PRÜFUNGS-AUFGABEN |

Aufgabe 2 **

Untersuchen Sie die Gespräche zwischen Dr. Lutz und
Bärlach im 2. und 12. Kapitel, und charakterisieren Sie
unter Bezug auf Ihre Arbeitsergebnisse den Untersuchungsrichter Lutz!

Mögliche Lösung in knapper Fassung:

Untersuchungsrichter Dr. Lutz ist unmittelbarer Ansprechpartner
Bärlachs im Rahmen der Morduntersuchung. Ihn muss Bärlach über
den Stand der Ermittlungen informieren, mit ihm muss er weitere
Schritte der Untersuchung abstimmen. In diesem Zusammenhang
sucht Bärlach Dr. Lutz in seinem Büro auf (2. und 12. Kapitel). Einen ersten Hinweis auf Charakterzüge von Lutz bekommt der Leser
durch den Verweis auf die Bilder, die Dr. Lutz in seinem Büro hängen hat. Die Bilder des schweizerischen Malers Friedrich Eduard
Traffelet (1897–1954) zeigen Militärmotive: marschierende Solda-
ten, Fahnen, Generäle. Könnten diese farbigen Federzeichnungen
den Eindruck erwecken, Dr. Lutz' Charakter sei von militärischer
Haltung und Durchsetzungsvermögen geprägt, so wird dieser Eindruck schon dadurch widerlegt, dass Lutz, obwohl er gegen das Zi-
garrenrauchen in seinem Zimmer ist, Bärlach dies nicht nur durch-
gehen lässt, sondern ihm sogar einen Aschenbecher hinstellt. Dass
Bärlach sich gegenüber seinem Vorgesetzten über dessen Abnei-
gung gegen das Rauchen hinwegsetzt, macht die Rollenverteilung
zwischen Bälach und Lutz deutlich. Diese Rollenverteilung wird zusätzlich dadurch betont, dass Bärlach beim 1. Gespräch einfach auf-
steht und das Zimmer verlässt, ohne sich von Lutz zu verabschieden.

VORAUSSETZUNG

   Im 2. Kapitel stehen die Ermittlungen ganz am Anfang; Bärlach
hat bereits (s)einen Verdacht, äußert ihn aber auch auf Rückfrage von Lutz nicht („Das kann ich Ihnen noch nicht sagen."). Lutz

ZUR AUFGABE

findet sich, ohne weiter zu fragen, mit dieser schroff formulierten Auskunft Bärlachs ab, fordert seinen Untergebenen also nicht einmal auf, Andeutungen über seinen Verdacht zu machen. Erneut wird hier deutlich, dass der Untergebene (Bärlach) die dominante Figur ist. Lutz geriert sich gegenüber Bärlach als Experte für Kriminalistik, betont die Notwendigkeit wissenschaftlichen Vorgehens bei der Untersuchung von Kriminalfällen und hebt auf seinen Aufenthalt in New York ab, wo er angeblich Einblick in Verbrechen hatte, von denen man in der Schweiz noch gar keine Vorstellung habe. Am Ende seines Beitrages betont er, man müsse nun „rücksichtslos" durchgreifen, da immerhin ein Polizist ermordet worden sei. Mit der Bitte Bärlachs, ihm Tschanz als Mitarbeiter zuzuteilen, hat Lutz keine Probleme, da nach seiner Auffassung Tschanz immer „bemüht ist, kriminalistisch auf der Höhe zu bleiben."

Von einem „rücksichtslosen" Durchgreifen spricht Lutz im 2. Gespräch (12. Kapitel) schon nicht mehr – zumindest nicht in Bezug auf Gastmann. Vielmehr legt er sich dahingehend fest, dass Gastmann „unmöglich als Mörder irgendwie in Betracht kommen kann." (S. 73) Weiter führt er über Gastmann aus: „Seine Persönlichkeit steht über jedem Verdacht." (S. 74) Um seinen Ausführungen Nachdruck zu verleihen, wirft er sich „in eine kalte, sachliche Positur mit vorgereckter Brust" (S. 73) – die Haltung eines Generals auf dem Bild über sich dabei nachahmend. Seine Ausführungen, in denen er Gastmann ja von jeglicher Schuld freispricht und dabei Bärlach (indirekt) nahelegt, nicht weiter gegen Gastmann zu ermitteln, sind dabei Folge des Gesprächs mit Rechtsanwalt Schwendi, der Lutz unter Druck gesetzt hat, Ermittlungen gegen Gastmann einzustellen (siehe hierzu 8. und 9. Kapitel). Von Schwendi behandelt Lutz bei diesem Gespräch von oben herab, betont, dass Ermittlungen gegen Gastmann nicht im nationalen Interesse lägen. Und Lutz fügt sich seinem Parteifreund Schwendi

(„Deiner Forderung, Gastmann zu verschonen, will ich nachkommen; wir sehen selbstverständlich auch von einer Hausdurchsuchung ab." S. 54)

FAZIT

Lutz ist im Grunde als Karikatur auf einen Untersuchungsrichter angelegt. Er kultiviert Posen, umgibt sich mit der Aura kriminalistischen Wissens und dem Wesenszug der Durchsetzungsfähigkeit, ist aber innerlich ein schwacher Charakter. Durch von Schwendi lässt er sich unter Druck setzen und macht diesem Zugeständnisse, die ein unabhängiger Untersuchungsrichter in einem laufenden Verfahren nicht machen dürfte. Hier spielen die kriminalistischen Methoden, die er betont (und im übrigen auch Grundzüge eines rechtsstaatlichen Verfahrens) keine Rolle mehr. Stattdessen ersetzen persönliche Beziehungen, politische Räson und parteipolitische Kumpanei ein geordnetes Untersuchungsverfahren. Selbst gegenüber Bärlach kann er sich nicht durchsetzen (das Rauchen). Dass er Bärlach mitten in einer Untersuchung eine Woche Urlaub gewährt, ohne überhaupt nach dem Grund zu fragen oder in den Raum zu stellen, wie die Ermittlungen in dieser Woche weitergeführt werden sollen, macht deutlich, dass der Untergebene (Bärlach) ein weitaus stärkerer Charakter ist als sein Vorgesetzter Lutz. Mit der Gestaltung von Lutz richtet Dürrenmatt einen spöttisch-kritischen Blick auf einen Vertreter des schweizerischen Rechtssystems und die Elite der Schweiz überhaupt.

1 SCHNELLÜBERSICHT	2 FRIEDRICH DÜRRENMATT: LEBEN UND WERK	3 TEXTANALYSE UND -INTERPRETATION

Aufgabe 3 ***

Richard Alewyn hat einmal über den Detektiv (in Kriminalromanen) geschrieben: „Es ist gerade die Aufgabe des Detektivs, die bedrohte Kausalität wieder herzustellen und die Möglichkeit des Unmöglichen nachzuweisen und damit die aus den Fugen geratene Weltordnung wieder einzurenken." (zitiert nach: J. Vogt: Der Kriminalroman II. Zur Theorie und Geschichte einer Gattung, München, 1971, S. 403) Überprüfen Sie unter Bezug auf Dürrenmatts *Der Richter und sein Henker*, ob Alewyns These auch auf Kommissar Bärlach zutrifft!

Mögliche Lösung in knapper Fassung:

VORAUSSETZUNG

Der Detektiv, zumal der verbeamtete Kommissar, ist Teil unserer Rechtsordnung und ermittelt im Rahmen rechtsstaatlicher Rahmenbedingungen und bewegt sich bei seiner Tätigkeit in einem verrechtlichten Raum – er ist selbst an Gesetze gebunden. Alewyns These läuft auf die Konsequenz zu, dass der Detektiv die Normen der Gesellschaft wieder herstellt, die durch ein Verbrechen (ein Verstoß gegen diese Normen) verletzt worden sind (die aus den Fugen geratene Weltordnung). Er stellt Kausalität wieder her, indem er durch seine Ermittlungen (und kraft seines Verstandes und seines wissenschaftlichen Vorgehens) dazu beiträgt, einen Verbrecher zu überführen und ihn den Gesetzen zu unterwerfen (Strafprozess mit Verurteilung). Der Verstoß gegen die Norm (die Gesetze) wird mit einem entsprechenden Strafmaß (festgelegt im Strafgesetzbuch) belegt.

4 REZEPTIONS-GESCHICHTE	5 MATERIALIEN	6 PRÜFUNGS-AUFGABEN

Dürrenmatts Kommissar Bärlach und der Roman insgesamt **ZUR AUFGABE** entsprechen dieser These Alewyns nicht:

→ Bärlach stellt in mehrfacher Weise die Rechtsordnung nicht wieder her: Einmal dadurch, dass er sich selbst zum Richter aufschwingt und Gastmann durch Tschanz töten lässt. Er manövriert Tschanz in eine Situation, in der dieser von seiner eigenen Schuld (Ermordung Schmieds) nur dadurch ablenken kann, dass er einen anderen als Schuldigen präsentiert. Er lässt Gastmann für ein Verbrechen töten, das er nicht begangen hat (Ermordung Schmieds). Zudem nimmt es Bärlach billigend in Kauf, dass an Gastmann im Grunde die Todesstrafe vollzogen wird (die in unserem Rechtssystem nicht vorgesehen ist). Zweitens dadurch, dass er schon recht früh den Verdacht hegt, Tschanz sei der Mörder Schmieds, gegen diesen aber zunächst nicht offiziell ermittelt, sondern ihn sogar zu seinem Mitarbeiter bei den Ermittlungen macht, um ihn dann als „Henker" einzusetzen. Drittens aber auch dadurch, dass er – am Ende des Romans – Tschanz des Mordes an Schmied überführt, ihn aber nicht der Gerichtsbarkeit überantwortet. Bärlach verstößt somit selbst gegen die Gesetze und Regeln der Gesellschaft.

→ Bärlach hat Schuld auf sich aufgeladen, indem er mit Gastmann eine Wette eingegangen ist. Bei dieser Wette ging es um die Verifizierung von zwei gegensätzlichen Thesen. Bärlach hatte die These aufgestellt, dass die menschliche Unzulänglichkeit und der Zufall unweigerlich dazu beitragen würden, dass ein Verbrechen aufgeklärt würde. Gastmann hatte die Gegenposition vertreten: Gerade die Verworrenheit der menschlichen Beziehungen könne dazu beitragen, dass ein Verbrechen nicht als solches erkannt werde. Dabei hatte Bärlach das Gegeneinander der Thesen als gedankliches Spiel gesehen und nicht damit gerechnet, dass Gastmann die „Probe aufs Exempel" machen würde (Ermordung eines Menschen, wobei der Mord nicht als solcher erkannt wurde). In den vierzig seit dieser Wette vergangenen Jahren ist es Bärlach nicht gelungen, Gastmann auch nur eines einzigen seiner zahlreichen Verbrechen zu überführen.

Es ist ihm im Falle Gastmanns also nicht gelungen, die Rechtsordnung wieder herzustellen oder – wie es Alewyn formuliert hat – die aus den „Fugen geratene Weltordnung wieder einzurenken". Vielmehr ist seine detektivische Arbeit in diesem Falle durch sein Scheitern gekennzeichnet. Deshalb greift er zu dem Mittel, Tschanz zu seinem Henker zu machen und Gastmann ausgerechnet für ein Verbrechen zu bestrafen, das er nicht begangen hat. Indem er für den Verbrecher Gastmann die Todesstrafe vorsieht und sie durch seinen Henker Tschanz vollziehen lässt, setzt sich Bärlach auch in einem weiteren Punkt über kodifiziertes (staatliches) Recht hinweg.

→ Aber auch auf allgemein menschlicher Ebene, also jenseits juristisch kodifizierter Normen, lädt Bärlach Schuld auf sich. Er verhält sich insofern unmoralisch, als er mit Tschanz spielt, ihn in die Enge treibt, ihn manipuliert und zu seinem Werkzeug macht, weil er – auch angesichts seiner Krankheit und der Ungewissheit, wie lange er noch zu leben hat – keine Chance mehr sieht, Gastmann auf legalem Weg und mit rechtsstaatlichen Mitteln zu überführen. Steht am Anfang der Beziehung zu Gastmann zunächst ein gedankliches Spiel, die theoretische Debatte über Verbrechen und die Möglichkeit ihrer Aufklärung, so wird nun ein Spiel mit Folgen, die irreversibel sind, daraus.

FAZIT

Vertritt Bärlach auf allgemeiner Ebene rechtsstaatliche Grundsätze und kämpft für ethische Normen (Verbrechen müssen bestraft werden), so verstößt er im konkreten Fall mehrfach gegen diese Grundsätze und Normen – er stellt sich außerhalb des Rechts und wird zum Schuldigen. Er verschafft, ein Scheinparadoxon, den

| 4 REZEPTIONS-GESCHICHTE | 5 MATERIALIEN | 6 PRÜFUNGS-AUFGABEN |

Normen dadurch Geltung (Bestrafung eines Verbrechens), dass er diese Normen missachtet. Die Grenzen zwischen Bärlach und Gastmann werden dadurch fließend. Dies macht deutlich, dass Dürrenmatt zwar mit Elementen des Genres Krimi spielt (Detektiv, Verbrecher, Tat, Motiv, Detektion, Sammeln von Beweisen, Einbau von krimitypischen Spannungsmomenten etc.), dass er aber die Konventionen der Gattung, so wie Alewyn sie in dem Zitat skizziert, hinter sich lässt. An der Oberfläche wird Gerechtigkeit hergestellt (ein Verbrecher wird bestraft), aber im Kern wird die aus den Fugen geratene Welt durch den Kommissar, der sich zum Richter macht, nicht wieder eingerenkt. Dürrenmatt verlässt somit den Bezirk der konventionellen Erzähltradition des Genres.

Aufgabe 4 ***

Untersuchen Sie die Funktion des 11. Kapitels für den Roman!

Mögliche Lösung in knapper Fassung:

VORAUSSETZUNG

Die Bedeutung des 11. Kapitels muss im Zusammenhang mit dem Gesamtaufbau des Romans betrachtet werden. Die 21 Kapitel des Romans lassen sich in unterschiedlichen Gruppen zusammenfassen, aus denen sich eine Struktur ergibt, die aus einer Exposition und einer Schlussphase, vier Erzählphasen und zwei Zwischenspielen besteht, die die Funktion eines retardierenden Moments übernehmen. Unter diesen strukturellen Gesichtspunkten betrachtet, liegt das 11. Kapitel in der 2. Erzählphase (gemeinsam mit dem 12. Kapitel) und stellt den zweiten von vier Spannungshöhepunkten dar. Es bildet, strukturell gesehen, mit dem 12. Kapitel das Zentrum des Romans.

1 SCHNELLÜBERSICHT	2 FRIEDRICH DÜRRENMATT: LEBEN UND WERK	3 TEXTANALYSE UND -INTERPRETATION

ZUR AUFGABE

Die Funktion des 11. Kapitels ergibt sich aus folgenden Aspekten:

→ Bis zum 10. Kapitel einschließlich dominiert die „Krimi-Handlung" des Romans, die die erste Handlungsebene bildet. Hier stehen der Mord an Schmied, der Beginn der kriminalistischen Untersuchung und typische Elemente des Genres Kriminalroman im Vordergrund. Diese Handlungsebene spielt in der „Jetzt-Zeit" des Romans (im November 1948) und wird wesentlich linear-sukzessiv erzählt, folgt also der Chronologie der Ereignisse (beginnend mit dem Fund der Leiche Schmieds und der Aufnahme der Untersuchung)

→ Mit dem 11. Kapitel wird eine 2. Handlungsebene eröffnet, nämlich die Bärlach-Gastmann-Handlung. Dies geschieht, zunächst ganz profan betrachtet, dadurch, dass es zu einer Konfrontation zwischen Bärlach und Gastmann kommt: Als Bärlach von der Beerdigung Schmieds in seine Wohnung zurückkehrt, wartet dort Gastmann auf ihn. Mit dieser Konfrontation wird ein Spannungshöhepunkt erreicht, der seinen aktionsgeladenen Ausdruck im Messerwurf findet, der Bärlachs Wange streift.

→ Das 11. Kapitel eröffnet eine zweite Zeitebene, nämlich die der Vorgeschichte von Bärlach und Gastmann, die vor 40 Jahren in der Türkei beginnt; im 11. Kapitel wird deutlich, dass Gastmann und Bärlach durch eine Wette gemeinsam in Schuld verstrickt sind, dass sich ihre Wege damals getrennt haben (Gastmann wurde Verbrecher, Bärlach Kommissär), dass Bärlach sein ganzes Leben lang vergeblich versucht hat, Gastmann eines Verbrechens zu überführen, dass mit dem Tod Schmieds Bärlachs letzte Chance, Gastmann zu überführen, zerschlagen worden ist und dass seine Chancen, dies noch tun zu können, auch dadurch gering geworden sind, dass seine ihm verbleibende Lebenszeit aufgrund seiner Erkrankung nur noch knapp bemessen ist.

| 4 REZEPTIONS-GESCHICHTE | 5 MATERIALIEN | 6 PRÜFUNGS-AUFGABEN |

→ Mit der Vorgeschichte wird aber auch deutlich, dass sich Gastmann und Bärlach nicht unähnlich sind; beide streben nach Perfektion, der eine als Verbrecher, der andere als Detektiv. Beide haben auch ähnliche Vorlieben, so etwa für das Essen und Trinken – und beide waren sich auf Anhieb sympathisch, oder, wie Gastmann es formuliert: „Wir liebten uns auf den ersten Blick." (S. 65)

→ Mit der Vorgeschichte wird aber zugleich eine „philosophische Ebene" in den Kriminalroman eingezogen, die in unmittelbarem Zusammenhang mit der Wette steht, nämlich die unterschiedlichen Auffassungen Bärlachs und Gastmanns über die Möglichkeit bzw. Unmöglichkeit eines „perfekten Verbrechens", das nicht aufgeklärt werden kann, und die Rolle des Zufalls bei der Entdeckung von Verbrechen. Diese philosophische Ebene des Romans findet ihren Ausdruck auch darin, dass am Ende des Kapitels der zusammenbrechende Bärlach, am Boden liegend, zweimal die Frage stellt: Was ist der Mensch? Mit diesem „Ecce homo" knüpft der Roman an zwei Prätexte an, nämlich an das Johannes-Evangelium und an die Frage der Sphinx im Ödipus-Mythos. Zudem wird im 11. Kapitel das Motiv der „Versuchung" eingeführt.

→ Vom 11. Kapitel an, dies ist seine Bedeutung für die Kompositionsstruktur und ihren weiteren Verlauf, sind beiden Handlungsebenen miteinander verwoben, wobei die einzelnen Kapitel diese Handlungsebenen jeweils unterschiedlich akzentuieren.

FAZIT

Dem 11. Kapitel kommt unter verschiedenen Aspekten eine besondere Bedeutung zu (Kompositionsstruktur, zweite Handlungsebene, Vorgeschichte, philosophische Fragestellungen, Nähe Gastmanns und Bärlachs). Dürrenmatt verlässt mit dem 11. Kapitel die reine Krimihandlung, erweitert das Genre um neue Aspekte, nämlich die Thematisierung ethisch-moralischer Grundsatzfragen, und spielt somit sowohl mit dem Genre selbst als auch mit dem Publikum, das über die Krimihandlung hinaus mit Fragestellungen ganz anderer Art konfrontiert wird.

LITERATUR

Zitierte Ausgabe:
Dürrenmatt, Friedrich: *Der Richter und sein Henker.* Roman.
Zürich: Diogenes Verlag, 1985 (detebe Bd. 22535).

Weitere zitierte Primärliteratur:
Dürrenmatt, Friedrich: *Der Besuch der alten Dame. Tragische
Komödie.* (Neufassung 1980) Zürich: Diogenes Verlag, 1998
(detebe Bd. 23045).
Dürrenmatt, Friedrich: *Der Verdacht. Kriminalroman.* Zürich:
Diogenes Verlag, 1985 (detebe Bd. 21436).
Dürrenmatt, Friedrich: *Die Panne.* Erzählung. Zürich: Arche Ver-
lag, 1956.
Dürrenmatt, Friedrich: *Die Physiker. Komödie.(Neufassung 1980)*
Zürich: Diogenes Verlag, 1985 (detebe Bd. 20837).
Dürrenmatt, Friedrich: *Romulus der Große. Eine ungeschichtliche
historische Komödie.* (Neufassung 1980) Zürich: Diogenes Ver-
lag, 1985 (detebe Bd. 20832).

Lernhilfen und Kommentare:
Frietsch, Matthias/Kriebel, Joachim: *Stundenblätter „Der Richter
und sein Henker" u. „Unterm Birnbaum".* Stuttgart: Klett Verlag, 2001 → Enthält Vorschläge zur Behandlung des Romans
im Unterricht.
Knapp, Gerhard P: *Dürrenmatt, Der Richter und sein Henker.
Grundlagen und Gedanken zum Verständnis erzählender Literatur.* Frankfurt: Diesterweg Verlag, 1993 → Eine ausführliche
und materialreiche Einführung in den Roman.

Pasche, Wolfgang: *Interpretationshilfen – Friedrich Dürrenmatts Kriminalromane.* Stuttgart: Klett Verlag, 1997 → Der Band führt ausführlich in die Kriminalromane Dürrenmatts ein, behandelt Inhalt, Thematik, Aufbau und Personenkonstellation.

Seifert, Walter: *Friedrich Dürrenmatt, Der Richter und sein Henker.* Oldenbourg Interpretationen Bd. 8, München: Oldenbourg Verlag, 1988 → Beinhaltet eine ausführliche Interpretation des Romans; dazu Unterrichts- und Klausurvorschläge.

Sekundärliteratur:

Brock-Sulzer, Elisabeth: *Friedrich Dürrenmatt. Stationen seines Werkes.* Zürich: Diogenes Verlag, 1970 → Der Band der Dürrenmatt-Expertin gibt einen Überblick über das Schaffen Dürrenmatts und führt in die einzelnen Werke ein.

Brock-Sulzer, Elisabeth: *Dürrenmatt in unserer Zeit. Eine Werkinterpretation nach Selbstzeugnissen.* Basel: Friedrich Reinhardt Verlag, 1971.

Große, Wilhelm: *Friedrich Dürrenmatt.* Literaturwissen für Schule und Studium. Stuttgart: Reclam Verlag, 1998 (RUB 15215) → Der Verfasser widmet den Theaterstücken, Hörspielen und Prosatexten Dürrenmatts jeweils kurze Aufsätze.

Knapp, Gerhard P.: *Friedrich Dürrenmatt.* Stuttgart: Metzler Verlag, 2. Aufl. 1993 (Sammlung Metzler, Bd. 196) → Hier findet sich eine Einführung in das Gesamtwerk von Dürrenmatt.

Knopf, Jan: *Friedrich Dürrenmatt.* München: Beck Verlag, 4. Aufl. 1988 (Beck'sche Reihe Autorenbücher 611) → Auch Knopf bietet eine kompakte Einführung in das Gesamtwerk von Dürrenmatt.

Krättli, Anton: *Friedrich Dürrenmatt.* In: Heinz Ludwig Arnold (Hrsg.): Kritisches Lexikon zur deutschsprachigen Gegenwartsliteratur (KLG) Bd. 2, edition text und kritik. 37. Nachlieferung (NLG).

Sonstige Literatur:

Maenz, Paul: *Die 50er Jahre. Formen eines Jahrzehnts*. Köln: DuMont Verlag, 1984 (dumont taschenbücher Bd. 157).

Matzkowski, Bernd: *Die Wandlung der Detektivfigur*. In: PRAXIS DEUTSCH 44/1980, Seelze: Friedrich Verlag, 1980.

Profitlich, Ulrich: *Friedrich Dürrenmatt. Komödienbegriff und Komödienstruktur – eine Einführung*, Stuttgart: Kohlhammer Verlag, 1973.

Staehle, Ulrich (Hrsg.): *Theorie des Dramas*. Arbeitstexte für den Unterricht. Stuttgart: Reclam Verlag, 1973 (RUB 9503).

Vogt, Jochen (Hrsg.): *Der Kriminalroman. Zur Theorie und Geschichte einer Gattung* (2 Bde.). München: W. Fink Verlag, 1971 (UTB 82).

Verfilmungen:

Der Richter und sein Henker. BRD 1957.
    Regie: Franz Peter Wirth.
    Drehbuch: Hans Gottschalk und Franz Peter Wirth.

Der Richter und sein Henker. BRD 1975.
    Regie: Maximilian Schell.
    Drehbuch: Friedrich Dürrenmatt, Bo Goldmann und Maximilian Schell.

STICHWORTVERZEICHNIS

Abendessen 25
Alibi 66
Antagonist 72
Anthropologische Interesse 96
Äskulap 70
Athene 70
Auguste Dupin 74
Authentizität 66
Boomland Schweiz 14
Chance (engl.) 81
Charakterzeichnung 72
Charon 59
Chronologie 52
Der Besuch der alten Dame 20
Der Schweizerische Beobachter 31
Der Verdacht 26, 31
Detektivroman 88
Die Panne 24, 25
Die Physiker 21
Diwan 59, 74
Doppelspiel 76
Dramatisierung 66
Dynamisierung 66
Erwartungshaltung 98
Erzählphasen 51, 52, 53, 54, 55

Erzählstruktur 51
Erzählte Zeit 63
Essen 24, 69, 74
Ethische Grundsätze 91
Exposition 52
Faust 68
Figuren-Trias 82
Fiktionalität 82
Fontane, Theodor 32
Gargantua 22
Gattungstheorie 94
Gegenbild 79
Genuss- und Lebensmittel 25
Gesellschaftliche Elite 83
Gespräch zwischen Gastmann und Bärlach 55
Glauser, Friedrich 32
Gleichnis 62
Großstadt 58
Handlungsebenen 55
Handlungskern 51
Henkersmahlzeit 70
Hybris 97
Idylle 60
Indizienverfahren 52
Innenansichten 60
James Bond 74
Judikative 97
Kalter Krieg 15

Karikatur 83
Klischee 61, 72, 86
Kommunikatives Moment
eines Essens 24
Kommunisten 15
Konstantinopel 59
Konstellation 72
Kosmos 62
Krankheit 77
Kreislauf 63
Kriminalroman 30, 88
Kulisse 61
Landschaften 60
Lesen 74
Lichtmetaphorik 87
Literaturbetrieb 98
Literaturverständnis der
1950er Jahre 93
Manipulationsstrategie 75
Minderwertigkeitskomplex
81
Modell 82
Moralist 22
Mord 28
Motive 66, 68, 69
Motivkomplexe 66
Motivverbindungen 25
Mut zum Verbrechen 79
Nachkriegszeit 13
Narr 77
Nationalsozialismus 15

Naturelemente 60
Naturräume 60
Nehle/Emmenberger 26
Nihilismus 55
Ödipus 51
Ortskolorit 59
Parallel- und Kontrastfigur
78
Parteiensystem der Schweiz
15
Perfektes Verbrechen 67
Poetologische Konzeption 82
Polizeimethoden 75
Prämisse 89
Prolog im Himmel 68
Protagonist 72
Publikumserfolg 93
Quelle 32
Rache 92
Rationale Struktur der
Wirklichkeit 89
Rechtsordnung 73, 92
Retardierende Elemente 52
Retrospektive 66
Rezeption 94
Romulus der Große 18
Satzkonstruktionen 86
Schlangenmesser 70
Schlussphase 52
Schuld 22, 88, 92
Schuldgefühle 77

STICHWORTVERZEICHNIS

Seelenzustand 61
Sherlock Holmes 74
Spannungsbogen 51
Spannungshöhepunkt 52
Spieler 22
Spießbürger 81
Symbole 66, 70
Thesen 67
Tiefendimension 91
Tragik Romulus' 19
Verfilmung 94
Veristische Literatur 58
Verrätselung 96
Versuchsanordnung 79
Vorgeschichte 66

Wette 23, 66, 91
Wetterverhältnisse 60
Wirtschaftswunder 13
Zeitangaben 63
Zentralfigur 73
Zentralmotiv 66
Zufall 25, 88
Zufall als Handlungsvoraussetzung 27
Zufall als philosophisches Prinzip 28
Zufall, Bedeutung des 27, 89
Zufall, definitiver 26
Zwischenspiele 52

MEIN ZIEL: ABITUR!

Die idealen Begleiter vom Beginn der Oberstufe bis zum Abitur

Mein Ziel: Abitur Katholische Religionslehre
ISBN 978-3-8044-1208-8

Das zeichnet den Abi-Trainer aus:
- alle Lerninhalte der Oberstufe in einem Band
- für das schriftliche und mündliche Abitur
- über 140 Beispielprüfungsaufgaben mit Lösungshinweisen (Hinweise online)
- zusätzlich online: Abituraufgabenbeispiele mit Musterlösungen zur Abiturprüfung im Fach Katholische Religionslehre (am Beispiel des bayerischen Abiturs 2017)

→ auch zur Vorbereitung auf Referate, Klausuren und Hausarbeiten

Mein Ziel: Abitur Ethik
ISBN 978-3-8044-1209-5

Das zeichnet den Abi-Trainer aus:
- alle Lerninhalte der Oberstufe in einem Band
- für das schriftliche und mündliche Abitur
- über 300 Wiederholungsfragen bereiten die Schüler optimal auf mögliche Fragestellungen vor

→ orientiert sich an den Themen der Lehr- und Bildungspläne aller Bundesländer

Alles zur Vorbereitung auf Referat, Klausur, Abitur, und Matura
www.königserläuterungen.de

www.bange-verlag.de

KÖNIGS ERLÄUTERUNGEN
DIGITAL

Literatur verstehen leicht gemacht

Über 250 Gedichtinterpretationen

Herunterladen +
sofort nutzen!

Königs Erläuterungen Digital (als PDF oder EPUB)

Herunterladen +
sofort nutzen!

Alles zur Vorbereitung auf Referat,
Klausur, Abitur, und Matura
www.königserläuterungen.de

www.bange-verlag.de